ZAPOMNIANE MIEJSCA

WARMIŃSKO -MAZURSKIE

CZĘŚĆ ZACHODNIA

Emilia Jaroszewska
Zapomniane miejsca. Warmińsko-Mazurskie. Część zachodnia
Seria „Zapomniane miejsca"
Przewodnik

Wydawnictwo CM
Braci Wagów 11/141, 02-791 Warszawa
www.wydawnictwocm.pl
www.ciekawe-miejsca.net

Wydanie I
2018

Projekt graficzny i skład
Danuta Maciejewska-Bogusz

Korekta i redakcja
Katarzyna Nowak

Zdjęcia
Emilia Jaroszewska, Jakub Jagiełło

Projekt okładki
Jakub Jagiełło

Na okładce:
I - zamek w Szymbarku, fot. Jakub Jagiełło,
IV - ruiny pałacu w Gładyszach, fortyfikacja przy moście kolejowym
w Samborowie, ruiny kościoła w Fiszewie, fot. Emilia Jaroszewska

Druk
druk-24h.com.pl

ISBN 978-83-66022-07-2

Spis treści

Serdeczne podziękowania dla wszystkich osób, które uczestniczyły w wyprawach badawczych po opisywanych miejscowościach, czyli dla Marcina Sękula i dla Moniki Stec oraz dla przyjaciół z forum pansamochodzik.net.pl – Milady, Mirmiła, Kyna, Nietajenki, Mgosi, Tomka i Ornitologa, a przede wszystkim dla Dobenecka, który dał się namówić na aż trzy podróże.

Zapomniane miejsca. Warmińsko-Mazurskie.
Część zachodnia

Przewodnik prezentuje obraz zapomnianych miejsc i ginących zabytków zachodniej części województwa warmińsko-mazurskiego. Za linię podziału przyjęto granicę Warmii, obejmując opisem wszystkie krainy położone na zachód od niej, czyli Wysoczyznę Elbląską, Żuławy i cechujący się pagórkowatym ukształtowaniem terenu Oberland (używa się także określenia Prusy Górne, Kraj Górny czy Pogórze, ale nazwa Oberland jest preferowana przez związanych z tymi ziemiami regionalistów). Do zbioru odwiedzanych miejsc dodano również położone w zachodniej części województwa tereny pogranicza, czyli Ziemię Lubawską oraz okolice Nidzicy i Działdowa.

W przewodniku zaprezentowano różnego typu miejsca i obiekty. Znajdują się tu opuszczone lub przerobione świątynie, młyny, wiatraki i inne zabytki techniczne, szczególnie ciekawe pomniki, pozostałości zamków czy ślady wymarłych wsi. Gros stanowią jednak dawne siedziby arystokracji, bo taki był charakter mało zindustrializowanego terenu Prus Wschodnich.

Specyfiką prezentowanego regionu są niszczejące junkierskie dwory i pałace. W ich przypadku bardzo często powtarza się ta sama historia – budynki popadły w ruinę nie w okresie PRL-u, ale w wolnej Polsce, pod „opieką" Agencji Własności Rolnej Skarbu Państwa lub prywatnego właściciela. Skala strat z ostatnich dwudziestu kilku lat jest ogromna. Regularnie przewijającym się scenariuszem jest dewastacja opustoszałego (często latami nieremontowanego) obiektu, który, pozbawiony ogrzewania i okien, zaczyna się walić; ostatnim elementem, który przeważa szalę jest zazwyczaj dziurawy dach, czasem zdarzają się tajemnicze pożary. Zaniedbanie i dewastacja dotyczy również podworskich parków i cmentarzy rodowych, we względnie najlepszym stanie są z reguły zabudowania folwarczne (choć zdarzały się przypadki ich wyburzania). Ze względu na wspomniany powyżej scenariusz w przewodniku uwzględniono również dwory i pałace, które na razie są w dość dobrym stanie technicznym, ale mieszkają w nich niedbający o obiekt lokatorzy lub od jakiegoś czasu stoją puste, co nie wróży niczego dobrego.

Innym charakterystycznym dla ziem poniemieckich elementem są opuszczone protestanckie kościoły. Większość dawnych ewangelickich świątyń przejęły po wojnie parafie katolickie, część jednak została rozebrana (np. w celu pozyskania budulca), a niektóre przez lata stały nieużytkowane lub były wykorzystywane na magazyny – te ostatnie przeważnie są już ruiną.

Pozytywnym aspektem jest rosnąca w ostatnich latach dbałość o cmentarze i pierwszowojenne pomniki, choć dla wielu obiektów jest już za późno. Relatywnie dobrze zachowane wydają się być opuszczone młyny, bardzo źle wygląda sytuacja wiatraków.

Szczególnym miejscem są uwzględnione w przewodniku Żuławy Elbląskie, które prawie w całości można byłoby zakwalifikować do kategorii „zapomniane miejsca". Podróżując nieremontowanymi od lat drogami, przecinającymi sieć zarastających kanałów, odnosiliśmy wrażenie, że jedziemy przez prawdziwie zapomnianą krainę. Pomennonicka spuścizna tego regionu to bezpowrotnie zaginiony potencjał, z którego ostały się tylko resztki. Dawne drogi wodne są żeglowne jedynie w bardzo ograniczonym stopniu, przetrwała zaledwie jedna parowa przepompownia i nie ma już praktycznie wiatraków. Prawdziwą rzadkością stały się liczne niegdyś domy podcieniowe. Część z nich rozebrano po wojnie, ale wiele zniknęło z powierzchni ziemi w ostatnich latach. Ocalałe domy podcieniowe są przy tym przeważnie w kiepskim stanie technicznym. Na rozrzuconych wzdłuż dróg terpach stoją, co prawda, nadal liczne zagrody holenderskie, ale przeważnie ich stan się pogarsza lub padają ofiarą przebudowy (czasem naprawdę koszmarnej).

Istotnym problemem zarówno Żuław, jak i innych opisywanych w przewodniku regionów jest brak odpowiedniej konserwacji architektury drewnianej. Jeśli coś się w tej kwestii nie zmieni, to, cytując bohatera słynnej polskiej komedii, z dużą dozą pewności będzie można powiedzieć, że większość zachowanych budynków niedługo „sobie zgnije, do jesieni, na świeżym powietrzu".

Niektóre z prezentowanych w przewodniku zabytków są już w ruinie, inne jeszcze się trzymają, ale pozbawione odpowiedniej opieki prawdopodobnie w ciągu najbliższych lat powtórzą historię swoich poprzedników. Opisany w przewodniku stan odnosi się do okresu wrzesień 2016 – wrzesień 2017, bo w tym właśnie czasie zbierano materiały. Niewykluczone zatem, że kilka z wcześniej badanych obiektów w momencie wydawania książki przestanie istnieć albo będzie wyglądać zupełnie inaczej. Bo sytuacja tego typu budowli jest niezwykle dynamiczna, przy czym jedynie sporadycznie owa dynamika oznacza remont, znacznie częściej – ostateczny rozpad budynku. Lepiej zatem spieszyć się ze zwiedzaniem.

Jak zwiedzać zapomniane miejsca?

W przewodniku opisano wiele miejsc, przy zwiedzaniu których trzeba koniecznie zachować rozwagę i ostrożność. Przestrzegamy przed wchodzeniem do wnętrz zrujnowanych dworków i pałaców, gdyż niektóre z nich grożą zawaleniem. Miejsca takie oznaczyliśmy w przewodniku ikonką wykrzyknika. Jeśli jednak znajdziemy się wewnątrz takiej ruiny, pamiętajmy, aby zachować daleko idącą troskę o własne bezpieczeństwo: nie wchodzić na piętra, schody, uważać przy stawianiu kroków.

Niektóre z opisanych zabytków są własnością prywatną i nie można wchodzić na ich teren. Warto również pamiętać o tym, że opisany przez nas zabytek ktoś może kupić, wyremontować i np. ogrodzić – w ten sposób staje się on niedostępny dla zwiedzających.

Przy zwiedzaniu podziemi trzeba koniecznie pamiętać o latarkach i odpowiednim ubraniu.

 historia

 zwiedzanie

 miejsce grożące zawaleniem

Żuławy i Wysoczyzna Elbląska

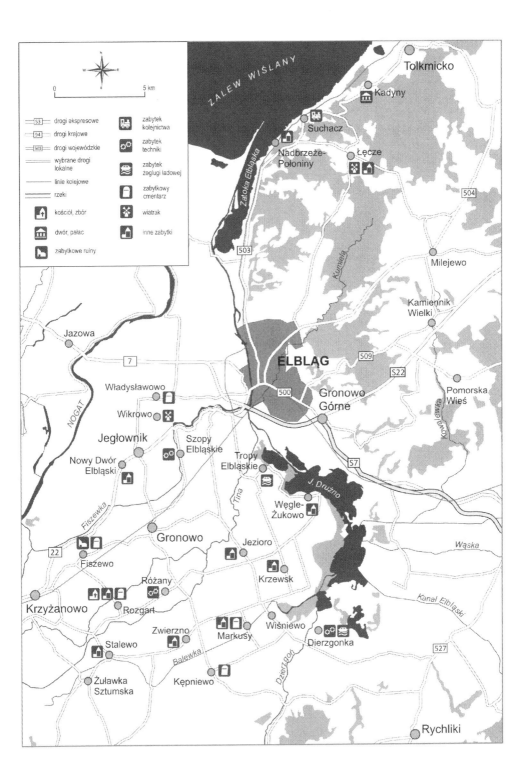

Dzierzgonka, Nowe Dolno (Sorgenort/Neu Dollstädt)

Ulicówka przywałowa i obrotowy most

Założone przez osadników olęderskich wsie Dzierzgonka i Nowe Dolno oddziela rzeka Dzierzgoń (miejscowi używają dawnej nazwy Zorga). Ciągnąca się wzdłuż wałów zabudowa obydwu wsi przypomina układ określany jako „ulicówka wodna" typu przywałowego, w którym droga wodna stanowi główną oś zabudowy. W przypadku tych dwóch miejscowości na układ ulicówki wodnej nakłada się poprzeczna oś zabudowy wzdłuż łączącej obydwie miejscowości lokalnej drogi Markusy-Marwica.

Dzierzgoń/Zorga to jeden z dopływów jeziora Drużno, rzeka wykorzystywana była jako szlak żeglugowy. Aby umożliwić przepłynięcie wyższym jednostkom, na drodze między położonymi na przeciwległych brzegach wsiami wybudowano w 1938 roku most obrotowy, którego jedno przęsło można było obracać za pomocą ręcznej korby. Most na Dzierzgoni to jedna z niewielu tego typu konstrukcji, które nadal istnieją w Polsce. W 2013 roku obiekt przeszedł gruntowną renowację, podobno jednak obecnie nie bywa otwierany, a dawna droga wodna nadal pozostaje martwa.

Przy moście, po stronie Nowego Dolna, stoi niewielki dom podcieniowy, w którym mieszkał człowiek obsługujący most. Budynek jest w złym stanie technicznym.

Dzierzgonka leży 17 km od Elbląga. Most znajduje się na drodze Markusy-Marwica, dom podcieniowy stoi przy moście.

Fiszewo (Fischau)

Ruina kościoła z przykościelnym cmentarzem

Fiszewo to rozległa wieś, która ma na swoim koncie siedem wieków historii. Nad jej wschodnim krańcem górują ruiny katolickiego kościoła. Gotycką świątynię wzniesiono w XIV wieku jako trójnawowy budynek na planie prostokąta, z wydzielonym prezbiterium i potężną czworoboczną wieżą (dawniej była na niej umieszczona drewniana

izbica zwieńczona krytym gontem hełmem). Kościół przetrwał wojnę, ale spłonął w 1948 roku. Jako powód pożaru najczęściej wspominany jest przypadek zaprószenia ognia przez kobietę wypalającą chwasty, ale brzmi to mało wiarygodnie, jeśli weźmiemy pod uwagę fakt, że ogień pojawił się w nocy. Ze zniszczeń ocalały jedynie elementy zbudowane z cegły – wieża i zewnętrzne mury.

Krążą legendy o przejściu podziemnym łączącym świątynię z zamkiem w Malborku. Jakieś przejście prawdopodobnie istniało, bo mieszkańcy Fiszewa wspominają, że przed laty można było znaleźć wejście do korytarza, który po kilku metrach kończył się zawaliskiem. Zapewne był to jednak jedynie tunel ucieczki.

Kościół otacza teren dawnego cmentarza, na którym zachowało się kilka interesujących nagrobków. Szczególnie piękna jest rokokowa stela pochodząca z 1793 roku. Kilkaset metrów dalej, przy skrzyżowaniu dróg, w centrum Fiszewa jest położony drugi cmentarz, który składa się z dwóch części – ewangelickiej (prawie całkiem zniszczona) i mennonickiej, gdzie zachowało się kilka steli (wydłużone, pionowe płyty, zazwyczaj kamienne, choć czasem robiono je z drewna).

Fiszewo leży 14 km od Malborka. Ruina kościoła stoi na początku wsi, przy drodze z Gronowa Elbląskiego.

Jezioro (Thiensdorf)

Zbór mennonicki

Teren dzisiejszej wsi Jezioro jeszcze w XIII wieku znajdował się na dnie jeziora Drużno, którego obszar był kilkakrotnie większy niż obecnie. W XVI wieku na podmokłe tereny po cofającym się jeziorze przybyli uciekający przed prześladowaniami holenderscy mennonici i zaczęli osuszać żyzne ziemie, budując system kanałów i grobli.

Nowym osadnikom nie pozwolono budować kościołów ani zakładać cmentarzy, więc pierwsze mennonickie świątynie i nekropolie pojawiły się dopiero w XVIII wieku, przy czym początkowo były to skromne drewniane budynki przypominające zabudowania gospodarcze. Kościoły murowane zaczęto stawiać dopiero pod koniec XIX wieku. Jednym z niewielu zachowanych jest zbór w Jeziorze. Wzniesiono go w 1899 roku w stylu neogotyckim. Jest to niewielka budowla z dwoma wejściami (wschód i zachód), której główną ozdobę stanowią ostrołukowe okna oraz cztery małe wieżyczki umieszczone w narożnikach budynku. Po wojnie dawny zbór był wykorzystywany jako katolicka kaplica, później umieszczono w nim sklep, aż w końcu stał się magazynem nawozów. Obecnie od wielu lat stoi pusty.

Za zborem można odnaleźć pozostałości mennonickiego cmentarza z lipową aleją i kilkoma nagrobkami. Uroku dodają miejscu otaczające teren dawnego zboru pola i łąki.

Jezioro leży 13 km od Elbląga. Zbór znajduje się z prawej strony drogi z Markus, przed skrzyżowaniem z drogą na Różany.

Jezioro

Most zwodzony

Nad rzeką Tiną, pomiędzy wsiami Jezioro i Jasionno, obejrzeć można jeden z najstarszych mostów zwodzonych w Polsce. Zbudowano go w 1895 roku, ma długość 39,2 metrów, a jego konstrukcja składa się z trzech przęseł. Środkowe z nich jest dwuskrzydłowe (klapy o wymiarach 6 m x 4 m) i może być podnoszone, co umożliwia przepłynięcie większym jednostkom.

W 2012 roku most został poddany gruntownej konserwacji, ale nadal nie jest otwierany, choć jeszcze w latach 60. szlakiem Tiny pływały ponoć statki. Czekając na ponowne ożywienie żeglugi na Żuławach, warto odwiedzić to miejsce dla samego piękna unikalnego mostu, którego wysoka, zbudowana z nitowanej blachownicy konstrukcja jest wyjątkowo zgrabna.

Jezioro leży 13 km od Elbląga. Most znajduje się na drodze z Jeziora do Jasionna.

Kadyny (Kadinen/Cadinen)

Cesarska majolika

Kadyny odwiedzają turyści, aby zobaczyć letnią rezydencję cesarza Wilhelma II – podziwiają pięknie odnowioną stadninę koni, stary dąb, barokowy pałac, czasem zaglądają do wzniesionego na wzgórzu klasztoru. Mało kto interesuje się losem najsłynniejszego kiedyś miejsca – cesarskiej majoliki.

Zespół budynków dawnej manufaktury postawiono pod lasem, na obrzeżach wsi. Z przodu, przy samej drodze widać dawną willę dyrektora – jest zamieszkana i znajduje się w dobrym stanie. Za nią stoją zabudowania fabryczne z górującą nad kompleksem wieżą ciśnień, której górna kondygnacja ma konstrukcję ryglową. Stan opuszczonych zabudowań fabrycznych jest niestety dużo gorszy niż stan willi, szczególnie zniszczona została piękna wieża.

Manufakturę założył w 1905 roku cesarz Wilhelm II, który nie tylko uruchomił zakład, ale także cały czas interesował się artystyczną stroną produkcji. W Kadynach wytwarzano naczynia kuchenne i dekoracyjne, ale też kafle do pieców, terakotę i ceramikę architektoniczną (np. dekoracje stacji berlińskiego metra). Sięgano po różne style – od wzorów włoskich, greckich i etruskich po bauhaus i art déco. W okresie międzywojennym zaczęto łączyć porcelanę z bursztynem i srebrem oraz produkować charakterystyczne figurki zwierząt. Wypracowano także specyficzny styl BRG (blau – kobaltowy odcień szkliwa, rot – czerwony kolor kadyńskiej glinki, gold – złote wykończenia). Zakład zatrudniał około pięćdziesięciu pracowników i miał sklepy firmowe m.in. w Berlinie, Hamburgu oraz Elblągu. Produkowano też na eksport, bo nagradzana na międzynarodowych konkursach ceramika z Kadyn była znana na całym świecie.

W 1945 roku produkcję zamknięto, a po wojnie jej uruchomienie było podobno niemożliwe ze względu na brak maszyn i fachowców oraz środków. Manufaktura przeszła pod zarząd Zjednoczenia Zakładów Ceramicznych, któremu udało się jedynie reaktywować cegielnię. Próbę wskrzeszenia majoliki podjęli pod koniec lat 50. artyści związani z Zakładem Ceramiki Wyższej Szkoły Sztuk Plastycznych w Gdańsku, jednak

po kilku latach produkcja została znowu wygaszona. W latach 60. fabrykę przejęła Gdańska Pracownia Konserwacji Zabytków i uruchomiła tam produkcję elementów architektonicznych do rekonstrukcji zabytków. Zakład został jednak sprywatyzowany i produkcja znowu ustała. Kilka lat temu pojawiły się ogłoszenia o sprzedaży manufaktury, ale opuszczony kompleks nie wygląda, jakby miał jakiegoś gospodarza, użytkowana jest jedynie willa. Z ogłoszenia sprzedaży można wywnioskować, że we wnętrzu zachowało się dużo dawnego sprzętu, niestety, jest ono niedostępne.

Kadyny leżą 21 km od Elbląga. Majolika znajduje się na zachodnim skraju wsi, z prawej strony drogi prowadzącej z Elbląga. Kompleks jest ogrodzony, można go obejść dookoła.

Kępniewo (Kampenau)

Mennonicki cmentarz

Cmentarz w Kępniewie usytuowany jest w pewnym oddaleniu od wsi (za cmentarzem leży tylko jedno gospodarstwo), prowadzi do niego brukowana, brzozowa aleja, która na terenie samego cmentarza przechodzi w aleję lipową. Cmentarz powstał pod koniec XVIII wieku, kiedy mennonici otrzymali zezwolenie na zakładanie własnych nekropolii. Teren jest raczej uporządkowany, zachowało się na nim około 140 mogił (w różnym stanie), w tym nagrobki typu *cippus* oraz charakterystyczne dla mennonickich pochówków stele. Ze względu na położenie jest to jeden z najładniejszych cmentarzy na Żuławach Elbląskich.

Zwiedzając mennonickie cmentarze, warto przyjrzeć się bliżej ste-
lom, bo często na ich szczycie (tympanonie) umieszczano różne symbole związane z życiem i śmiercią (np. bluszcz – nieśmiertelność; czaszka
– śmierć, marność życia; gołębica – duch święty, nadzieja; granat – raj,
bogactwo; korona lub skrzyżowane palmy – zmartwychwstanie, krew
Chrystusa; gwiazdy – niebo, zbawienie; klepsydra – czas, wieczność;
kwiat – życie dziewczyny, kobiety; złamany kwiat – przerwane życie;
złamana róża – śmierć w kwiecie wieku; makówka – wieczny sen; motyl
– dusza, ulotność życia; klepsydra – przemijanie, cykliczność; klepsydra ze skrzydłami – miłość unosząca duszę do raju; kotwica z krzyżem
– stałość, mocna wiara, nadzieja zmartwychwstania; oko opatrzności
– bóg; serce – miłość, wierność; słońce – nowe życie; spirala lub wąż
zjadający własny ogon – wieczność, nieskończoność; pochodnia skiero-
wana w dół – zgasłe życie).

W Kępniewie zobaczyć można też dom podcieniowy zbudowany
w 1810 roku, którego wystawka opiera się na dwunastu kolumnach
z bardzo oryginalnymi jońskimi głowicami. Budynek jest zamieszkany,
ale znajduje się w kiepskim stanie.

*Kępniewo leży 21 km od Elbląga. Cmentarz położony jest po lewej stro-
nie drogi do Zwierzna. Aby do niego dotrzeć, należy minąć prowadzącą
w prawo drogę do Rachowa i po około 700 m skręcić w lewo w brzozową
aleję (jest przy niej tabliczka). Dom podcieniowy znajduje się przy drodze do Rachowa.*

Krzewsk (Hochenwalde)

Zagrody olęderskie

Wieś założyli w XVII wieku osadnicy olęderscy i znajdują się tam pozostałości ich dawnego cmentarza. Nekropolia jest jednak bardzo zniszczona i tak zarośnięta, że pomiędzy wysokimi do kolan chaszczami z trudem odnaleźć można resztki nagrobków. Dobrze widocznym elementem jest jedynie ciekawa brama, prowadząca kiedyś na teren cmentarza.

Krzewsk jest za to miejscowością, w której zachowało się w różnym stanie najwięcej tradycyjnych olęderskich zagród (w trakcie spisu prowadzonego przy tworzeniu *Internetowego katalogu zabytków osadnictwa holenderskiego w Polsce* naliczono ich trzydzieści pięć), choć niekoniecznie trzeba jechać do Krzewska, aby je zobaczyć, bo podróżując po Żuławach, mamy okazję wypatrzeć je również w wielu innych miejscach.

Zagrody olęderskie stawiane były z reguły na terpach (sztucznie usypanych podwyższeniach terenu, które chroniły zabudowania przed powodzią). Ochronie przed powodzią służyły też strychy, na których przechowywano siano i gdzie przenoszono podczas zalania dobytek, a nawet inwentarz. Budynki były ze sobą połączone, co pozwalało na skupienie ich na mniejszej przestrzeni oraz umożliwiało przemieszczanie się po całym kompleksie bez wychodzenia na zewnątrz. Występowały trzy typy ich rozplanowania: langhof (układ przypominający literę I, gdzie budynki tworzą jedną linię), winkelhof (układ przypominający literę L, gdzie do głównej osi budynku dobudowane jest pod kątem prostym boczne skrzydło) i kreuzhof (układ zbliżony do litery T, gdzie do głównej osi dobudowane są dwa skrzydła boczne). Poszczególne części niekoniecznie miały tę samą wysokość – jeśli się różniła, to zawsze najniższy był

stojący na froncie budynek mieszkalny.

Jako budulca używano najczęściej drewna, które jest dużo odporniejsze na zawilgocenie niż „pijąca wodę" cegła. W celu zmniejszenia ryzyka rozprzestrzeniania się pożaru na styku domu i stodoły zaczęto jednak z czasem wznosić ścianę z cegły (tzw. ściana ogniowa). Względy bezpieczeństwa spowodowały też oddzielanie poszczególnych budynków w przypadku powstających później zagród.

Tradycyjne żuławskie zagrody niestety zanikają, bo ulegają zniszczeniu, albo są przebudowywane, albo zostają zredukowane do części budynków dawnego układu.

Krzewsk leży 15 km od Elbląga. Cmentarz znajduje się z prawej strony głównej drogi. We wsi warto też obejrzeć oborę ze szczytowym podcieniem (nr 24, wyjątkowo zadbana).

Łęcze (Lenzen)

Wiatrak holenderski i domy podcieniowe

Łęcze to jedna z najstarszych wsi ziemi elbląskiej. W przedwojennych zapiskach można znaleźć informację o holenderskim młynie i o czternastu domach podcieniowych, z których Łęcze słynęło ponoć w całej Europie. Działały tu wówczas dwa elbląskie towarzystwa – jedno zajmowało się turystyką, a drugie prowadziło prace archeologiczne (1 km na południowy-wschód od wsi znajduje się grodzisko, a na nim głaz upamiętniający ówczesne badania). Dziś z wiatraka zachowała się jedynie dolna część, po drewnianej czapie i skrzydłach nie ma śladu (więcej na temat wiatraków holenderskich przeczytać można na stronie 79). A z domów podcieniowych przetrwały tylko trzy, z czego jeden jest w tragicznym stanie.

Pierwszy wiatrak typu holenderskiego wzniesiono w Łęczu około 1800 roku, na wzgórzu, które miejscowi ochrzcili Młyńską Górą. Był on drewniany i prawdopodobnie w związku z uszkodzeniem budynku został rozebrany, a na jego miejsce postawiono w 1885 roku trzykondygnacyjną konstrukcję murowaną. W 1945 roku podczas tzw. krwawej niedzieli, kiedy wymordowano dużą część ludności Łęcza, wojsko radzieckie próbowało spalić budynek, ale solidna murowana wieża przetrwała. Dziś pozostałości wiatraka znajdują się w rękach prywatnych (w internecie krążą oferty jego sprzedaży), a wejście zabezpieczono kratą, która jednak jest otwarta.

Łęcze leży 14 km od Elbląga. Wiatrak stoi na wzgórzu, na końcu wsi, po lewej stronie drogi w kierunku Tolkmicka. Domy podcieniowe mają numery 19, 30 i 62.

Markusy (Markushof)

Cmentarz mennonicki i dom podcieniowy

 Markusy powstały już w 1363 roku, ale sto lat później wyludniona i zniszczona w wojnach wieś praktycznie nie istniała. Swoje odrodzenie zawdzięcza mennonitom, którzy osiedlali się w okolicy na przełomie XVI i XVII wieku.

Nie zachował się dawny dom modlitwy, za to na skraju wsi nadal znajduje się cmentarz mennonicki z XVIII wieku (więcej na temat zakładania przez mennonitów cmentarzy i kościołów przeczytać można na stronie 14, zaś o symbolice grobów mennonickich na stronie 16).

Cmentarzyk jest niewielki, ale należy do najładniejszych na Żuławach. Teren ogrodzono i uprzątnięto, zachowała się brama oraz liczne nagrobki różnych typów (obeliski, stele, tumby i groby ogrodzone ozdobnymi kratami), a koło bramy znajduje się małe lapidarium.

Na drugim końcu wsi, w zakolu rzeki Tiny, stoi oryginalny dom podcieniowy z pionowo oszalowaną wystawką w kremowym odcieniu, do którego prowadzi obsadzona drzewami aleja. Zbudowano go w 1789 roku, a w XIX i XX wieku był remontowany. W ostatnich latach nie prowadzono żadnych prac remontowych. Dom wygląda na zadbany, ale właścicielka jest osobą starszą i nie ma możliwości konserwacji budynku, w związku z czym jego stan się pogarsza i może być zagrożony.

W połączonych z domem zabudowaniach gospodarczych (zagroda typu wzdłużnego) właśnie zawalił się kryty słomą dach.

Cmentarz jest położony na zachodnim krańcu wsi. Jadąc od strony Zwierzna, należy skręcić w lewo w kierunku Zwierzeńskiego Pola. Dom podcieniowy ma nr 12 i formalnie stoi w Markusach, ale wieś ma mocno rozproszoną i chaotyczną zabudowę, więc znacznie łatwiej do niego dojechać od strony wsi Jezioro. Jadąc od Jeziora, należy przed mostem na Tinie skręcić w lewo.

Nadbrzeże-Połoniny (Reinmannsfelde)

Zapomniany kurort

Nadbrzeże i Połoniny stanowiły przed wojną jedną miejscowość – popularny kurort Reinmannsfelde. Uzdrowisko zawdzięczało swój rozwój Fryderykowi Kallowi, który w 1842 roku, współpracując ze znanym elbląskim lekarzem, Samuelem Kohnem, uruchomił zakład wodoleczniczy. Kilka lat później majątek kupił baron Leopold von Götzen i zbudował na wzniesieniu, w parku zdrojowym niewielki pałacyk. W kolejnych dekadach miejscowość zmieniała właścicieli, wprowadzano nowe inwestycje i unowocześnienia oraz uruchomiono zakład przyrodoleczniczy. Kuracjusze mogli korzystać z domu zdrojowego i rozległego parku spacerowego. Znajdowały się w nim malownicze jary oraz punkty widokowe, z których podziwiano panoramę Zalewu Wiślanego, a także sztuczne groty wykorzystywane jako pijalnie. Ze względu na piękne położenie oraz dobre warunki kurort Reinmannsfelde był coraz bardziej popularny, jednak przed I wojną światową, z niejasnych do końca przyczyn, uzdrowisko stało się niedochodowe i upadło.

Dziś w Nadbrzeżu i Połoninach oglądać można nieliczne ślady wcześniejszego kurortu – dwór w dawnym majątku Fryderyka Kalla i pałacyk zbudowany przez barona von Götzena, wykorzystywany jeszcze niedawno przez szkołę rolniczą.

Nadbrzeże i Połoniny leżą 27–29 km od Elbląga (miejscowości dość dziwnie się przeplatają). Dwór Kalla stoi z prawej strony drogi do Stanicy Wodnej Nabrzeże, pałacyk Götzena znajduje się w pobliżu drogi Elbląg-Frombork. Aby do niego dojechać, należy minąć zjazd do Stanicy Wodnej i po 1 km skręcić w lewo na Bogdaniec.

Nowy Dwór (Neuhof)

Stara karczma

Przy drodze z Elbląga do Malborka stoi stara chata z grubych, sosnowych bali. Intrygujący budynek ma przeszło 220 lat i był kiedyś karczmą. Nad frontowym wejściem do dziś znajduje się inskrypcja, głosząca, że chatę zbudował Jacob Glandt dla Heinricha Fechte-

ra w 1795 roku. We wnętrzu zachowały się ponoć dawne polichromie, przetrwały też zabytkowe drzwi – na frontowych znajduje się ciekawy romboidalny wzór, a tylne mają oryginalną konstrukcję, bo góra i dół otwierane są oddzielnie.

W związku z różnymi szczegółami (np. maszynowo produkowana cegła w ścianach piwnicy), można podejrzewać, że budynek (prawdopodobnie dom olęderski) stał pierwotnie w innym miejscu i na przełomie XIX i XX wieku został przeniesiony, a następnie zaadoptowany na karczmę. Karczma była remontowana przed wojną oraz w latach 60. Ta ostatnia naprawa pozostawia jednak wiele do życzenia, choć odbywała się z udziałem Państwowych Pracowni Konserwacji Zabytków. Dom wygląda na opustoszały, ale w 2015 roku kupił go historyk sztuki, który ma zamiar budynek uratować. Na razie prowadzone są prace zabezpieczające.

Nowy Dwór Elbląski leży 11 km od Elbląga. Jadąc w stronę Malborka, mamy karczmę po lewej stronie drogi.

Rozgart (Preußisch Rosengart)

Dzwonnica, cmentarz i dawny zbór

Rozgart to wieś, w której zachowały się obok siebie trzy elementy mennonickiej parafii – dawny dom modlitewny (obecnie jest użytkowany jako kościół katolicki), cmentarz oraz przykościelna dzwonnica.

Dom modlitewny zbudowano w 1890 roku, kiedy powódź zniszczyła zbór w Markusach, a jednocześnie pojednały się skłócone odłamy żyjących w tym regionie mennonitów. Nową świątynię wzniesiono z cegły, w stylu neogotyckim, ponieważ mennonitom w tamtym okresie przyznano prawo stawiania świątyń murowanych (w XIX wieku powstały trzy takie budowle, z czego do dziś istnieją dwie – w tym zbór w Rozgarcie). Przez pierwszą powojenną dekadę rozgarcki kościół służył jako magazyn, później został przejęty przez parafię katolicką.

Na zachód od kościoła znajduje się nieczynny już cmentarz, rozplanowany wokół trzech krzyżujących się lipowych alei. Nekropolia jest dość zniszczona – zachowało się sporo betonowych tumb, natomiast nagrobki w formie steli i pni drzew pojawiają się tylko pojedynczo. Prowadzącą na teren cmentarza bramę zrekonstruowano w 2008 roku.

Największą, choć niedostrzeganą przez wielu ciekawostką jest stojąca przed wejściem do kościoła murowana dzwonnica. Stanowi ona ewenement w mennonickiej architekturze sakralnej. Swoje powstanie zawdzięcza ponoć uporowi pewnego młodego fundatora, który dofinansowując budowę świątyni, chciał przekazane pieniądze przeznaczyć na wzniesienie murowanej dzwonnicy i udało mu się wywalczyć zgodę na jej budowę. Budynek mieścił kiedyś aż trzy dzwony, a jego ściany zostały ze względu na podmokłe podłoże dodatkowo wzmocnione w narożnikach. Dziś obiekt jest nieużywany i stoi zamknięty.

Rozgart leży 20 km od Elbląga. Zbór, dzwonnica i cmentarz znajdują się w centrum wsi. Będąc w Różanach, warto obejrzeć też dość dobrze zachowany dom podcieniowy (nr 17) oraz dom podcieniowy z zabudowanym podcieniem szczytowym, w którym widać nadal kolumny (nr 12).

Różany (Alt Rosengart)

Pompa parowa

Żuławy to ogromny obszar depresji, najważniejszym zadaniem jego mieszkańców była zatem walka z wodą, czemu służyła dobrze zorganizowana obrona przeciwpowodziowa oraz system rozwiązań hydrotechnicznych obejmujący wały przeciwpowodziowe, groble, kanały, poldery i urządzenia osuszające. Głównym narzędziem do odwadniania zalewanej ziemi były wiatraki-pompy, które stały się swoistym symbolem tych terenów. Na początki XIX wieku było ich jeszcze kilkaset, ale ich liczba zaczęła stopniowo spadać na przełomie XIX i XX wieku, kiedy wprowadzono znacznie wydajniejsze pompy parowe. Dziś na terenie Żuław Wiślanych nie ma ani jednego wiatraka odwadniającego, a z pomp parowych zachowała się tylko jedna – w Różanach nad rzeką Tiną.

Przepompownia w Różanach powstała w 1911 roku. Składa się z niewielkiego budynku oraz kilkunastometrowego komina, które wyrastają ponad łąki w pewnym oddaleniu od wsi. Pompa była ponoć użytkowana jeszcze do lat 70., z tym że przestawiono ją na napęd elektryczny. Później zbudowano nową, a hydrotechniczny zabytek opustoszał. Część wyposażenia została podobno rozkradziona, ale większość udało się uratować, bo Zarząd Melioracji i Urządzeń Wodnych wzmocnił zabezpieczenia i w środku zachowały się najważniejsze elementy dawnego mechanizmu (w tym urządzenia pochodzące z największych elbląskich fabryk zakładów Franza Komnicka i Ferdynanda Schichaua). Od kilku lat krążą pogłoski o planach udostępnienia przepompowni turystom, na razie obiekt jest zamknięty, choć można zwrócić się z pytaniem o możliwość zwiedzania do PTTK w Elblągu.

Rozgart leży 20 km od Elbląga, przepompownia jest położona nad rzeką Tiną. Jadąc z Różan w kierunku Jeziora, należy kilkaset metrów przed rzeką skręcić w lewo na drogę biegnącą groblą (obsadzana wierzbami). W Rozgarcie warto też obejrzeć ciekawy murowany most z 1912 roku oraz dom podcieniowy (nr 28).

Stalewo (Stalle)

Dom podcieniowy

Wśród żuławskich domów podcieniowych zdecydowanie wyróżnia się bogato dekorowany dom w Stalewie. Ogromne wrażenie robią jego górne kondygnacje, a przede wszystkim wsparta na ośmiu kolumnach wystawka, której szczytową ścianę przecina gęsta siatka rygli. Dodatkową ozdobą fasady jest umieszczona na dzielącej piętra belce rymowana niemiecka sentencja, której sens brzmi następująco: „Budowałem, starając się, aby dom wyszedł dobrze. Przyszłym mieszkańcom i innym ludziom niekoniecznie musi się podobać".

Pod inskrypcją podpisał się zarówno zlecający budowę właściciel Michael Gehrt, jak i sam budowniczy Georg Pöck (przypuszcza się, że jest to jedyny zachowany dom jego projektu, choć niektórzy zastanawiają się, czy nie zaprojektował również domu w Świerkach).

Dom w Stalewie to jedna z największych tego typu budowli na Żuławach – ma około 700 m² powierzchni, podzielonej pierwotnie na trzynaście pomieszczeń. Nieproporcjonalnie mała jest jedynie piwnica, co może być dowodem na to, że wcześniej stał w tym miejscu mniejszy budynek, którego fundamenty wykorzystano, wznosząc nowy.

Dom pochodzi z 1751 roku, był remontowany na początku XX wieku oraz pod koniec lat 50. (renowacja pod nadzorem konserwatora), obecnie jego stan stale się pogarsza, bo większość pomieszczeń stoi pusta i są narażone na wilgoć. Jeśli w najbliższych latach budynek nie przejdzie gruntownego remontu, to jeden z najpiękniejszych żuławskich domów podcieniowych przestanie istnieć.

Przed wojną mieszkały w nim cztery rodziny. Po wojnie zakwaterowano tu dwóch właścicieli: Daniela Nawrockiego i Franciszka Króla (jego ojciec, Marcin Kostuś, był jednym z autorów książki *Żuławiacy, wspomnienia osadników*). Kilka lat temu właściciele próbowali zainteresować domem muzea i skanseny, ale przeniesienie budynku uznano za zbyt drogie, a utworzenie tu ekspozycji za mało opłacalne, gdyż wieś leży daleko od tras turystycznych. Sądząc po pojawiających się w internecie ofertach sprzedaży, niszczejącym zabytkiem nadal nie zaopiekowała się żadna instytucja.

We wsi znajdują się także pozostałości ewangelickiego cmentarza z nagrobkiem Marii Gehrt – dawnej właścicielki domu. Istniejący tu kiedyś kościół został po wojnie rozebrany.

Stalewo leży 19 km od Elbląga. Dom rodziny Gehrt zlokalizowany jest w zachodniej części wsi, na zakręcie, koło drogi do Szaleńca (nr 19).

Suchacz (Succase)

Pozostałości Kolei Nadzalewowej

W 1899 roku zakończono budowę Kolei Nadzalewowej, która prowadziła od Elbląga do Braniewa i miała długość około 48 km. Od słów: zalew (Haff), brzeg (Ufer), kolej (Bahn) – nazwano ją Haffuferbahn, czyli w skrócie HUB. Nowa linia była istotna zarówno dla przemysłu (odchodziło od niej dwadzieścia siedem bocznic kolejowych do różnego typu zakładów), jak i dla przewozu pasażerskiego (już w pierwszym roku użytkowania przewiozła blisko 130 tysięcy podróżnych, a w 1939 roku ich liczba wzrosła do 550 tysięcy). Uzupełnieniem transportu kolejowego były statki, na które podróżni mogli przesiąść się w Tolkmicku (odpływało stamtąd dziewięć jednostek, w tym parowiec z miejscami dla 500 osób) oraz należące do HUB autobusy, które dowoziły podróżnych do stacji kolejowych. Pociągi poruszały się z prędkością 15 – 30 km/h, w związku z czym na wagonach ponoć umieszczono

napisy zakazujące zbierania kwiatów i grzybów w trakcie podróży. Niskie tempo stało się tematem zabawnych anegdot, nie uważano go jednak za istotną wadę, bo biegnące tuż przy brzegu Zalewu tory gwarantowały piękne widoki. Wzdłuż linii zaczęły powstawać domy tych mieszkańców Elbląga, którzy pragnęli uciec z centrum miasta.

W czasie II wojny światowej HUB została częściowo zniszczona, ale już w 1949 roku odbudowaną i zmodernizowaną linię przejęło PKP. Jej dobry okres skończył się w latach 90., kiedy spadła wyraźnie liczba pasażerów. Ze względu na coraz mniejszą rentowność liczbę połączeń zaczęto redukować aż do jednego w 2006 roku, wtedy zapadła decyzja o zamknięciu stacji i zawieszeniu kursów pociągów. Na szczęście w 2007 roku Kolej Nadzalewowa została wpisana do Planu Ochrony Parku Krajobrazowego Wysoczyzny Elbląskiej, co uchroniło ją przed demontażem. Stan infrastruktury stale się jednak pogarsza, bo tory i perony nie były w ostatnich latach konserwowane, a nieużywana linia zwabiła złodziei (pociągi pojawiały się na trasie jedynie sporadycznie, w ramach wakacyjnego ruchu weekendowego, przy czym dojeżdżały tylko do Tolkmicka). W 2016 roku drezyny sprawdzały stan techniczny torów i nie był on dobry, a niektóre miejsca okazały się nieprzejezdne. Od jakiegoś czasu starania o przejęcie dawnej linii od PKP podejmuje powiat branicki, ale nie ma jeszcze w tej kwestii żadnych rozstrzygnięć.

Na razie szansa na wznowienie ruchu na trasie jest niewielka, możemy za to oglądać ślady dawnej linii nadzalewowej – zarośnięte tory, nieodnawiane perony i zamknięte na głucho stacyjki, które zbudowano wzdłuż wybrzeża. Szczególnie malowniczo położona jest ta w Suchaczu, która stoi tuż przy plaży oddzielonej od budynku jedynie torami. Pewnie ten właśnie widok przekonał dyrektora HUB, Otto Frieslera, aby wybrał na swój dom stojącą obok stacji willę, której ściany przyozdobił napisem: „Ein glücklich Los ist dem beschieden, der ferne vom Gewühl der Stadt in einem stillen Erdenwinkel ein trautes Heim gefunden hat". „Szczęśliwym losem obdarowany jest ten, kto znalazł dom w zacisznym zakątku, z dala od zgiełku miasta".

Suchacz leży 17 km od Elbląga. Stację można znaleźć, kierując się na miejscową plażę. Jadąc z Elbląga, należy zjechać na zakręcie z głównej drogi i pojechać prosto zamiast skierować się na Tolkmicko. Będąc w Suchaczu, można także obejrzeć Zameczek, czyli budynek dawnego hotelu, w którym mieści się obecnie szkoła (na jego cześć przystanek nazywa się Suchacz-Zameczek). Budynek hotelu-szkoły stoi na wzgórzu nad wsią, można do niego dojechać pnącą się stromo w górę drogą, która odchodzi od trasy Elbląg-Tolkmicko w prawo, mniej więcej 200 m przed wspomnianym zakrętem.

Szopy Elbląskie (Aschbuden)

Most zwodzony

W przeciwieństwie do mostu zwodzonego w Jeziorze, most w Szopach Elbląskich jest już tylko swoim cieniem, choć jakiś czas temu pojawiła się przy nim tabliczka informacyjna. Stalową konstrukcję zainstalowano na rzece Fiszewce (inna nazwa Wiska) w latach 30. XX wieku na miejscu stałej, drewnianej przeprawy. Nowe rozwiązanie było optymalne ze względu na rozwój żeglugi, ponieważ jedno z przęseł dało się podnosić, co umożliwiało ruch większych jednostek pływających. Koło mostu znajdowała się kiedyś przystań oraz obrotnica dla statków pozwalająca na ich zawracanie i cumowanie.

Po wojnie ruch żeglugowy na Żuławach zaczął jednak stopniowo zamierać i mniej więcej w latach 60. Fiszewka straciła ostatecznie znaczenie jako droga wodna. Most przestał być otwierany i przez kolejne dwie dekady służył tylko do przejazdu aut. W połowie lat 80., podczas przebudowy drogi krajowej, zmieniono nieznacznie przebieg trasy i obok dawnego mostu zwodzonego postawiono konstrukcję stałą, która przejęła ruch. Most zwodzony nie był już użytkowany, nie pomyślano też o jego konserwacji i wyeksponowaniu zabytku. Nieremontowana konstrukcja systematycznie niszczała, na szczęście nikt nie wpadł na pomysł jej rozbiórki. Obecnie nadal można chodzić po moście, ale jest w bardzo złym stanie technicznym.

Szopy Elbląskie leżą 7 km od Elbląga. Zwodzony most biegnie równolegle do obecnego mostu stałego na drodze krajowej 22, znajduje się z jej prawej strony.

Tropy Elbląskie (Steckfuss)

Ślady unikalnej ulicówki wodnej

Turyści z całej Europy zachwycają się holenderskim Giethoorn – unikalną wsią, w której kanały pełnią rolę dróg. Wsiadają w wynajmowane łódeczki, z których podziwiać można zadbaną zabytkową zabudowę. Mało kto wie, że podobne miejsce istniało kiedyś na Żuławach. Były nim Tropy Elbląskie.

Pierwotnie istniała w tym miejscu osada rybacka. Tereny były jednak słabo zaludnione ze względu na położenie w obszarze depresji (w sąsiedniej wsi Raczki znajduje się najniższy w Polsce punkt: 1,8 m p.p.m.), zagrożonym przy tym tak zwaną cofką, podczas której następuje przemieszczenie wody z Bałtyku do Zalewu Wiślanego, a następnie jeziora Drużno. Rozwój wsi zaczął się dopiero w XVI wieku, kiedy teren wydzierżawiono mennonitom, którzy osuszyli pola i uregulowali system wodny. Ponieważ drogi lądowe były regularnie zalewane, kluczową rolę zaczął odgrywać transport wodny, a głównym traktem komunikacyjnym stał się biegnący środkiem wsi kanał. Wzdłuż niego zaczęto budować zagrody, które stawiano frontem do nabrzeża. Każda z nich miała dostęp do wody i możliwość cumowania łodzi przy specjalnych pomostach.

Przed wojną Tropy Elbląskie były słynne, unikalną zabudowę uwieczniono w końcówce zrealizowanego w 1937 roku propagandowego filmu nakręconego z okazji 750-lecia Elbląga, a wioskę planowano przekształcić w skansen. Po wojnie o planach skansenu nikt już nie wspominał. We wsi osiedlono repatriantów, nieużywany kanał zarastał, a stan domów powoli się pogarszał. Dziś kanał nie wygląda jak wodna arteria, po dawnym mennonickim cmentarzu nie ma prawie śladu, nieremontowane latami zagrody robią zaniedbane wrażenie, z licznych kiedyś domów podcieniowych zostały dwa – jeden przebudowany, drugi w ruinie. We wsi można usłyszeć, że młodzi wyjeżdżali, starzy umierali, a w Tropach zostawały kolejne puste domy, które po kilku sezonach znikały. W planie odnowy miejscowości z roku 2010 jest napisane, że podwórza są zadbane, ale ubogich mieszkańców nie stać na większe remonty. Argument wydaje się być zrozumiały. Na tego typu inwestycję nie stać też prawdopodobnie lokalnych władz. Szkoda tylko, że przez przeszło siedemdziesiąt lat ginącą ulicówką wodną nie zainteresowało się ministerstwo kultury, bo dziś wyjątkową niegdyś wieś polecać można turystom jedynie jako ilustrację bezmyślnego zmarnowania unikalnego zabytku. Na terenie województwa warmińsko-mazurskiego jest jeszcze kilka miejscowości, które określane są mianem ulicówki wodnej, ale ich układ jest albo mało czytelny, albo są one wsiami przywałowymi, których domy nie stoją bezpośrednio nad wodą.

Tropy Elbląskie leżą 8 km od Elbląga.

Węgle-Żukowo (Wengeln, Reichhorst)

Zajazd koło przystani

Węgle-Żukowo to wieś powstała z połączenia dwóch miejscowości założonych przez mennonitów. W leżących na zachodnim brzegu jeziora Drużno Węglach znajdowała się przed wojną niewielka przystań. Zatrzymywały się tu wycieczkowe stateczki kursujące po Kanale Elbląskim (wówczas Oberlandzkim). Obok przystani powstała gospoda/restauracja, przy niej zorganizowano ciągnący się do nabrzeża elegancki ogródek z nisko przystrzyżonymi żywopłotami, pomiędzy którymi rozmieszczono stoliki. Gospoda nazywała się Drei Rosen, czyli Trzy Róże, i cieszyła się dużą popularnością, ponieważ była odwiedzana nie tylko przez pasażerów statków, ale także przez

mieszkańców Elbląga. Dziś w Węglach nadal można oglądać malownicze rozlewiska jeziora Drużno, na miejscu dawnej przystani została jednak tylko baza rybacka, należąca do Polskiego Związku Wędkarskiego, który postawił tu nowy budynek.

Natomiast po drugiej stronie ulicy wciąż stoi dawna gospoda, choć obecnie nie pełni już funkcji gastronomicznej, gdyż stała się zwykłym domem mieszkalnym. Dom jest drewniany (z jednego boku ma ceglaną ścianę ogniową), a jego front zdobi wsparta na żeliwnych kolumienkach wystawka, pod którą mieści się obramowany ażurowymi ściankami ganek. Na szczycie znajdują się tzw. laubzekiny, czyli charakterystyczne dla żuławskiego budownictwa zdobienia wycięte laubzegą. Jest to jedyny zachowany budynek przedwojennej gospody nad jeziorem Drużno. Po słynnej niegdyś przystani i restauracji Letzte Grosch (Ostatni Grosz) zostały tylko fundamenty, które można znaleźć przy ujściu rzeki Dzierzgoń.

Węgle-Żukowo leżą 15 km od Elbląga. Baza i budynek dawnej gospody znajdują się w centrum wsi, aby tam dotrzeć, należy kierować się w stronę brzegu jeziora. Po lewej stronie drogi prowadzącej do centrum wsi stoi młyn, który zbudowano na podstawie dawnego wiatraka (na budynku widnieją daty 1859 – 1933).

Wikrowo (Klein Wickerau, Gross Wickerau)

Ruina wiatraka posadowionego na budynku

W ieś Wikrowo jeszcze kilka lat temu słynęła z unikalnego holenderskiego wiatraka, którego wizerunek pojawiał się na okładkach książek i na plakatach. Wiatrak zbudowano prawdopodobnie w 1853 roku (taka data widnieje na kamieniu węgielnym). Budynek stanowił unikat, bo należał do bardzo rzadkiego typu holendrów posadowionych na pawilonie. Dolny poziom zespołu stanowiły cztery połączone ze sobą części, różniące się od siebie budulcem, wysokością, stylem i przeznaczeniem: magazyn i maszynownia (ściany szkieletowe) oraz gospoda i wiejska świetlica (ściany murowane). Na dachu maszynowni osadzona była czterokondygnacyjna wieża, na której opierała się ruchoma czapa. Taka konstrukcja pozwalała na wyższe usytuowanie skrzydeł i lepsze wykorzystanie wiatru.

Budynek nie został zniszczony w czasie wojny, a w latach 70. przeprowadzano w nim prace konserwatorskie, nie był jednak użytkowany,

ulegał więc stopniowej dewastacji i powoli popadał w ruinę. W latach 90. wiatrak w Wikrowie kupiła od gminy osoba prywatna. Został w dużym stopniu odrestaurowany, a następnie zaadoptowany na mieszkanie. Niestety, powracającym do życia zabytkiem można się było cieszyć tylko jedną dekadę, bo w 2001 roku wiatrak spłonął. Przyczyną pożaru był ponoć pozostawiony bez nadzoru piec, pojawiały się jednak różne hipotezy i sprawa nie została chyba ostatecznie wyjaśniona. Istniały plany odbudowy zabytkowego budynku, ale najwyraźniej nic z nich nie wyszło. Dziś wikrowski wiatrak możemy złożyć, kupując wyprodukowany w 2002 roku kartonowy model. W miejscu unikalnej konstrukcji zostały tylko zarośnięte resztki dawnych ścian.

*Wikrowo leży 9 km od Elbląga, ruiny młyna znajdują się przy zakręcie, nieco na południe od skrzyżowania głównej osi wsi z drogą Wiktorowo-
-Helenowo. Jadąc z północy, ruiny mamy po lewej stronie.*

Władysławowo (Ellerwald Erste Trift)

Cmentarz mennonicki

Na temat lokalizacji jednego z najstarszych cmentarzy mennonickich na Żuławach trwa spór, bo niektórzy przypisują go do Wikrowa, inni zaś twierdzą, że znajduje się we Władysławowie. Niespójne informacje podają też lokalne tablice, gdyż na jednej nazwano go „cmentarzem w Wikrowie", a na drugiej „cmentarzem we Władysławowie". Ponieważ dwa sąsiadujące z nekropolią domy przynależne są do Władysławowa, trafniejsza wydaje się być druga wersja. Cmentarz założono na przełomie XVIII i XIX wieku, na lekkim podwyższeniu terenu (wielobocznym terpie). Jest nieduży, ale raczej zadbany i naprawdę uroczliwy. W cieniu starych drzew odnaleźć można kilkadziesiąt nagrobków, przeważnie z drugiej połowy XIX wieku lub początków XX wieku, w tym całkiem dobrze zachowane czytelne stele (część z nich została odrestaurowana). Przy cmentarzu zbudowano dom modlitewny, ale po wojnie został rozebrany. Symbolika grobów mennonickich opisana została na stronie 16.

Cmentarz znajduje się przy domach o numerze Władysławowo 22a oraz 25a, około 500 m na północ od skrzyżowania głównej osi wsi Wikrowo z drogą Wiktorowo-Helenowo, po lewej stronie drogi (żuławskie wsie są

przeważnie bardzo rozrzucone i często mają dość chaotyczny układ, przy czym ich granice po wojnie były przesuwane).

Zwierzno (Thiergart)

Dawny dom ludowy

W centrum Zwierzna stoi oryginalny budynek szkoły, który swoim wyglądem nawiązuje do regionalnej architektury żuławskich domów podcieniowych. Budynek jest murowany, z ryglową wyższą kondygnacją, a jego główną ozdobę stanowi wsparta na sześciu drewnianych kolumnach wystawka, do której prowadzą wielkie betonowe schody. Gmach wzniesiono na przełomie XIX i XX wieku, a następnie rozbudowano w latach 30. XX wieku. Mieścił się tu dom ludowy, który funkcjonował również jako schronisko Hitlerjugend.

Na belce wystawki przeczytać można nieco niewyraźny napis: „Gemeinnutz vor Eigennutz", co po polsku oznacza: „Dobro wspólne przed dobrem prywatnym". Inskrypcja ta nawiązuje do hasła wyborczego NSDAP z 1932 roku, które politycy narodowego socjalizmu zapożyczyli z monteskiuszowskiego traktatu *O duchu praw* i wkomponowali do partyjnego programu. Po 1933 roku słowa te stały się popularnym sloga-

nem, umieszczanym m.in. na partyjnych stemplach, medalach, znacz-
kach i niektórych monetach (głównie srebrnych o nominale 5 marek).

*Zwierzno leży 20 km od Elbląga. Dawny dom ludowy znajduje się
w centrum wsi. W Zwierznie stoją też dwa domy podcieniowe, niestety,
z zabudowanymi podcieniami, mają numery 39/40 oraz 51 (podcienie
od strony podwórza).*

Część północna

Oberland

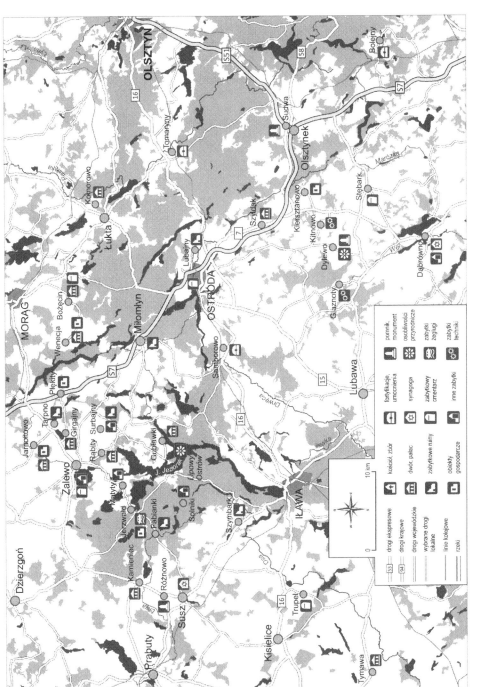

Część południowa

Anglity (Angnitten)

Dwór

W położonych wśród rozległych pól Anglitach obejrzeć można pozostałości po dawnym majątku barona Schröttera, który przez trzydzieści lat był starostą pasłęckiego powiatu i w okresie swojego urzędowania wspomagał budowę Kanału Elbląskiego.

Stojący nad niewielkim stawem, w centrum wsi dwór jest tylko częściowo zamieszkany, a otoczenie niestety mocno zaniedbane, ale warto tam pojechać ze względu na oryginalną bryłę budynku, który swoim kształtem wyraźnie nawiązuje do charakterystycznych dla Żuław i Oberlandu domów podcieniowych (mocno wysunięty, wsparty na kolumnach ryzalit przypomina typową dla tego budownictwa wystawkę).

Ciekawostką jest też znajdująca się w pobliżu dworu obora, na której nadal można zobaczyć tabliczkę informującą, że w latach 70. otrzymała tytuł Złotej Wiechy w konkursie na „najlepszy nowy lub zmodernizowany budynek inwentarski".

Anglity leżą 9 km od Pasłęka. Dwór stoi przy drodze biegnącej przez wieś, 7 km na wschód od Pasłęka, 1 km od szosy Pasłęk-Orneta.

Barzyna (Wiese)

Ruiny pałacu

Na terenie zdziczałego parku barzyńskiego majątku odnaleźć można pozostałości po pałacu von Bodecków oraz wzniesionych w jego pobliżu zabudowań folwarcznych. Widoczne w gąszczu fragmenty budynku dają wyobrażenie neogotyckiego kształtu pałacu (pierwotna budowla z XVII wieku była wielokrotnie przebudowywana), ale ze zwiedzaniem lepiej się pośpieszyć, bo rozpad następuje w błyskawicznym tempie.

Barzyna należała do rodu von Bodeck przez blisko trzysta lat. Później majątek często zmieniał właścicieli, aby pod koniec XIX wieku trafić w ręce rodziny von der Groeben, która zgromadziła w pałacu ciekawą kolekcję dzieł sztuki. Perłą tej kolekcji był *Śmiejący się Rembrandt* – jeden z dwóch unikalnych autoportretów przedstawiających artystę uśmiechniętego. Losy tego obrazu (oraz wielu innych zgromadzonych w Barzynie dzieł) są niestety nieznane.

Po wojnie w Barzynie utworzono PGR, a w pałacu mieściło się przedszkole i mieszkania dla pracowników, później biuro. Obecnie budynek jest własnością prywatną i nie widać, aby były tu w ostatnich latach prowadzone jakiekolwiek prace remontowe. Część wyposażenia (żeliwną tablicę z herbami, ozdobne piece, renesansowe płyty paleniskowe) przeniesiono do pałacu w Kwitajnach. Wielu innych cennych elementów (na przykład ledwo dziś już widocznego barokowego portalu z uszakami, herbem i łacińską inskrypcją) nie udało się uratować.

Barzyna leży 10 km od Pasłęka. Aby znaleźć pałac, należy skręcić w Barzynie w gruntówkę odbijającą w prawą stronę (jadąc w kierunku na Rychliki), teren gęsto zarośnięty drzewami. **!**

Bądki (Bündtken)

Dwór

Niewielki, ale pełen uroku dwór w Bądkach zbudowano w stylu neogotyckim. Do architektury dworu nawiązują domy mieszkalne pracowników majątku, z których kilka zachowało się do dziś. Budynek dworu wzniesiono z nieotynkowanej cegły. Mimo niedużych rozmiarów ma dość skomplikowaną bryłę – zbudowany jest na planie litery H i zwieńczony sześcioma szczytami, które kształtem mają naśladować elementy z zamków krzyżackich.

Po wojnie dwór mieścił biura PGR-u, a po jego likwidacji przejęty został przez Agencję Nieruchomości Rolnej Skarbu Państwa, która wydzierżawiła dawny majątek prywatnej spółce. Budynek od lat stoi pusty i przydałby mu się generalny remont (dotychczas wymieniono jedynie dach).

Do rozwoju i rozbudowy majątku przyczynił się głównie Johann Martin Stoppel – kupiec z Hamburga, który nabył Bądki wraz z dwoma przyległymi folwarkami w połowie XIX wieku. Stoppel postanowił wybudować nową rezydencję i założyć park, a przygotowanie projektu nowego dworu zlecił młodemu, początkującemu architektowi. Był nim Johannes Vollmer – późniejszy profesor Uniwersytetu Technicznego w Berlinie, autor obiektów użyteczności publicznej (np. berlińskich dworców Friedrichstraße i Hackescher Markt), znany przede wszystkim z realizacji wielu neogotyckich kościołów w Niemczech i Szwajcarii.

Pisząc o Bądkach, warto dodać, że córką właściciela majątku była profesor botaniki, Rose Stoppel, która jako pierwsza w Niemczech kobieta studiowała nauki przyrodnicze, zarezerwowane wcześniej jedynie dla mężczyzn.

Bądki leżą 4 km od Zalewa. Dwór znajduje się w centrum wsi.

Bolejny (Bolleinen)

Pozycja Olsztynecka

Bolejny to wieś z liczną starą zabudową, ciągnąca się malowniczo wzdłuż niewielkiego jeziora między lasami i morenowymi wzgórzami. Poza walorami krajobrazowymi może być prawdziwym rajem dla wielbicieli budowli militarnych, gdyż właśnie w jej okolicach znajduje się najwięcej obiektów Pozycji Olsztyneckiej (Hohensteiner Stellung) – systemu obronnego zbudowanego przez Niemców w latach 1938 – 1944, który obejmuje odcinek długości 80 km, od Starych Jabłonek do okolic Pasymia.

Pozycję Olsztynecką wykorzystano w 1939 roku do koncentracji wojsk niemieckich przed uderzeniem na Polskę, jej znaczenie obronne okazało się jednak niewielkie, gdyż w 1945 roku jednostki Armii Czer-

wonej stosunkowo łatwo przełamały linię umocnień. Warto wspomnieć, że w pierwszych latach po wojnie z pozostawionej przez Niemców infrastruktury korzystały oddziały Łupaszki.

W okolicach wsi Bolejny obejrzeć możemy rów przeciwczołgowy, okopy, stanowiska dla moździerzy, słupki forty-fikacyjne, a przede wszystkim palisadę przeciwpancerną, która składa się z 61 żelazno-betonowych słupów. W bezpośrednim sąsiedztwie wsi zachowało się też wiele bunkrów (przeważnie w dobrym stanie). Są to budowle różnego typu: ciężki bunkier obronny, bunkry bierne, dwukomorowe, bunkry jednoosobowe (kochbunkry) i lekkie schrony bojowe. Niektóre z nich są bardzo ciekawie położone (np. na zboczu wąwozu) i można ich nie zauważyć, przechodząc tuż obok.

Ciekawostką jest też zbudowana 3 km od Bolejn tama wodna na rzece Witramówce, której śluzy spiętrzały wodę na potrzeby niewielkiej elektrowni. Wysadzonej przez Rosjan śluzie przypisuje się znaczenie militarne – jej zamknięcie powodowało podniesienie poziomu wody w górnym biegu rzeki, co miało ponoć pozwolić na zalanie drogi do Malinowa.

Bolejny leżą 17 km od Olsztynka. Do rowu przeciwczołgowego prowadzi drogowskaz umieszczony przy głównej drodze. W celu odszukania bunkrów najlepiej zwrócić się do mieszkańców wsi. W internecie znaleźć można co prawda bardzo szczegółowe opisy położenia poszczególnych obiektów na stronie Lokalnej Organizacji Turystycznej Powiatu Nidzickiego, ale nawet z nimi (bez pomocy miejscowych) jest to niezwykle trudne. Tama wodna położona jest blisko drogi Żelazno-Malinowo. Aby do niej trafić, trzeba zostawić auto na niewielkim parkingu znajdującym się za mostkiem i przejść około 300 m leśną drogą (rzeka płynie w niewielkiej odległości, po prawej stronie, w okolicy tamy jest znacznie głośniejsza).

Bożęcin (Gross Gottswalde/Gotteswalde)

Dwór i cmentarz rodowy

W niewielkim Bożęcinie zobaczyć możemy pozostałości dawnego majątku – niszczejący dwór i resztki rodowego cmentarza. Majątek kilkakrotnie zmieniał właścicieli (w końcu XVII wieku był nawet przejściowo w posiadaniu polskiego szlachcica, Adama Kickiego), aby w pierwszej połowie XIX wieku stać się własnością rodziny von Graeve, w rękach której pozostał do 1945 roku.

Stojący obecnie we wsi dwór oraz cmentarz rodowy pochodzą z czasów tej właśnie rodziny. Wybudowany w 1845 roku dwór jest w stylu klasycystycznym, jedynie jego piwnice mają wcześniejszy, prawdopodobnie barokowy rodowód (wysoka i ciężka kamienna podmurówka wyraźnie kontrastuje z górą budowli). Za dworem rozciąga się park krajobrazowy ze stawem i starodrzewem. Jest niestety zupełnie zdziczały i mocno zarośnięty, ale usytuowanie dworu na wysokiej, stromej skarpie nad stawem pozwala się domyślić, że musiało to być bardzo malownicze założenie. W ostatnich latach dwór był pod zarządem Agencji Nieruchomości Rolnej, niedawno został kupiony przez prywatnego właściciela i poinformowano nas, że będzie remontowany.

Przynależny do pałacu cmentarz rodowy znajduje się za wsią, na szczycie wzniesienia. Prowadzą do niego kamienne schody i ścieżka zaczynająca się zrujnowaną bramą. W centralnym punkcie wzgórza ustawiono kamień z wyrytym napisem: „Adolf Edler von Graeve 20.10.1862 – 1.2.1923".

Z morąskiej linii rodu von Graeve wywodził się Otto Edler von Graeve, który zakończył służbę wojskową, aby poświęcić się różdżkarstwu. Były wojskowy zdobył w tej dziedzinie sławę i zatrudniano go przy poszukiwaniu wód mineralnych. Korzystając z różdżki, odnalazł źródła w Niemczech, USA, Palestynie i Syrii. Swoje doświadczenia związane z różdżkarstwem spisał i opublikował.

Bożęcin leży 9 km od Morąga. Dwór w środku wsi, cmentarz przy drodze w kierunku Wenecji.

Buczyniec (Buchwalde)

Podcieniowa szkoła i dawna gospoda/schronisko

Buczyniec to miejscowość kojarzona przede wszystkim z Muzeum Kanału Elbląskiego (dawniej Oberlandzkiego). Tu znajduje się ostatnia pochylnia na trasie z Elbląga, na której przemieszczające się po torach statki pokonują przeszło dwudziestometrową różnicę poziomów wody. Mało kto z oglądających transport statków turystów wie, że przed wojną przy kanale zbudowano nie tylko przystań, ale także domy dla pracowników kanałowych i bardzo popularną kiedyś gospodę, która została ufundowana przez władze Elbląga z przeznaczeniem na punkt gastronomiczny oraz schronisko

młodzieżowe i noclegownię dla żeglarzy. Dziś budynek stoi pusty (na płocie wisi banner z informacją, że można go wynająć), ale na razie jest w dobrym stanie.

 Wracając od pochylni, warto nieco zboczyć z drogi i zajrzeć do samej wsi Buczyniec, aby obejrzeć nawiązujący do stylu oberlandzkich domów podcieniowych gmach dawnej szkoły (dziś dom mieszkalny), którego wsparta na czterech kolumnach wystawka o szkieletowej konstrukcji umieszczona została asymetrycznie z lewej strony fasady (więcej o budynkach podcieniowych na stronie 70).

Buczyniec leży 7 km od trasy S7 (węzeł Marzewo). Budynek dawnej gospody/schroniska znajduje się koło pochylni – na lewo od drogi i muzealnego parkingu. Dawna szkoła stoi przy wjeździe do wsi Buczyniec, z prawej strony drogi.

Budwity (Bauditten, Ebenhoh)

Pałac

Budowę budwickiego pałacu rozpoczął w 1855 roku Gustav von Frantzius, który kupił projekt od znanego architekta Eduarda Knoblaucha (jego dziełem jest m.in. monumentalna Nowa Synagoga w Berlinie). Zaraz po rozpoczęciu prac Frantzius sprzedał jednak majątek rodzinie Eben, która kończyła budowę przez kolejne dwa lata.

Ozdobiony boniowanym tynkiem, z wieżą widokową i dwoma ryzalitami, budynek nawiązywał stylem do włoskiej architektury pałacowej. Otoczony był dużym, urozmaiconym parkiem krajobrazowym, przez który przepływał strumień uchodzący do sztucznego stawu.

Po wojnie w budwickim majątku utworzono PGR, natomiast sam pałac początkowo przekazano w użytkowanie młodzieżowym brygadom Służby Polsce, a w połowie lat 50. zamieniono w obiekt zakwaterowania kolonii. Po likwidacji PGR-ów zarówno majątek, jak i pałac trafiły w ręce prywatne. Budynek jest w stosunkowo dobrym stanie, ale wygląda na zaniedbany i robi przygnębiające wrażenie. Zarośnięty park stał się mało czytelny, a remontowany po wojnie pałac zatracił dawny charakter. Przystosowując budynek do funkcji wypoczynkowych, przebudowano większość pomieszczeń oraz usunięto wszystkie zewnętrzne elementy, które kiedyś stanowiły jego dekorację (zlikwidowano ozdobne kominy, zniszczono boniowania, skuto detal architektoniczny).

Patrząc na ponurą bryłę budynku, trudno sobie wyobrazić, że właśnie tutaj przechowywano królewieckie księgozbiory, przewiezione przez Niemców z Królewca do Budwit w obawie przed bombardowaniem. Część owych księgozbiorów została zniszczona zaraz po wojnie przez stacjonujących w pałacu czerwonoarmistów, a później przez szabrowników i przesiedleńców. Jednak zgodnie ze sporządzonym protokołem jeszcze w 1946 roku w pałacu nadal zgromadzone było około 30 000 cennych woluminów pochodzących z Towarzystwa Naukowego w Królewcu oraz Biblioteki Miejskiej w Królewcu (część z nich stanowiły starodruki). Gros tych publikacji trafiło do Biblioteki Uniwersyteckiej w Toruniu. Resztę zbiorów przewieziono do Biblioteki Uniwersytetu Warszawskiego, Biblioteki Narodowej w Warszawie i Archiwum Państwowego w Olsztynie.

Budwity leżą 7 km od trasy S7 (węzeł Matyty). Pałac stoi w parku, na zachodnim krańcu wsi. Jadąc od strony S7, mamy go po lewej stronie.

Dąbrówno (Gilgenburg)

Ślady zamku i miasta

D ąbrówno to wieś o wyglądzie miasteczka, położona malowniczo na przesmyku między dwoma jeziorami. W XIV wieku Dąbrówno stało się siedzibą wójtów krzyżackich, ale miasteczko najwyraźniej prześladował pech, bo kolejne zniszczenia regularnie hamowały jego rozwój, degradując je ostatecznie do rangi wsi. W 1410 roku, przed bitwą pod Grunwaldem, miasto podpaliły wojska Jagiełły, w 1656 roku ponownie spłonęło podczas najazdu tatarów, a w 1945 roku straciło 85% dawnej zabudowy.

Mimo tych zniszczeń (i późniejszych zaniedbań) nadal łatwo można odczytać dawny średniowieczny układ miasta i dostrzec ślady jego historii. Kiedyś stał tu niewielki zamek krzyżacki, który został zniszczony, następnie odbudowany, a wreszcie przebudowany na barokową rezydencję (kolejne przebudowy w XIX i XX wieku). Pod koniec lat 60. jedno z jego skrzydeł było jeszcze częściowo zachowane. Dziś z dawnego zamku pozostał jedynie niewielki odcinek muru. Dużo lepiej zachowały się fragmenty murów miejskich z dawną basztą, która obecnie pełni rolę przykościelnej dzwonnicy.

Spacerując po Dąbrównie, natrafimy też na pozostałości kolejowej przeszłości miasta – budynki dawnej stacji, nasyp i wiadukt (świetny punkt widokowy na jezioro Dąbrowa Wielka). Ciekawostką jest też najstarszy w Polsce pomnik upamiętniający Powstanie Warszawskie. Na

Kirkuty i synagogi

Synagoga w Dąbrównie
(po prawej)

Kirkut w Pasłęku (poniżej)

Kirkut w Miłakowie (poniżej)

Kirkut w Zalewie (poniżej)

Cmentarze

Cmentarz mennonicki
w Markusach
(powyżej)

Lapidarium ewangelickie
w Miłakowie
(po lewej)

Cmentarz ewangelicki
w Zajączkach (poniżej)

Cmentarze rodowe

Markowo
(po prawej)

Trupel
(powyżej
i po prawej)

Kościoły

Białuty (powyżej)

Biskupiec Pomorski
(po lewej)

Fiszewo (poniżej)

Glaznoty
(po lewej)

Jezioro
(po prawej)

Koszelewy
(po lewej)

Kościoły

Rozgart
(po prawej)

Sambród (poniżej)

Wenecja
(po lewej)

Fortyfikacje

Pozycja Lidzbarska (powyżej)

Pozycja Iławska (powyżej)

Pozycja Olsztynecka
(po lewej i poniżej)

Fortyfikacje i mosty

Bunkry kolejowe
w Samborowie
(po prawej)
i Tomarynach
(poniżej po prawej)

Mosty: w Szopach Elbląskich (powyżej)
i Jeziorze (poniżej)

postawionej w 1946 roku kapliczce wmurowano tablicę z napisem: „W drugą rocznicę Powstania Sierpniowego 1944 w Warszawie".

Całe miasteczko sprawia wrażenie dość zapomnianego i zaniedbanego miejsca. Zdumiewa przede wszystkim fakt, że tak malownicza miejscowość, położona między jeziorami i obfitująca w różne zabytki, nie wyrosła do rangi turystycznej stolicy regionu. Krążą na ten temat teorie spiskowe, mówiące o celowej blokadzie rozwoju w okresie PRL-u przez wysoko postawione osoby, które miały w okolicy letniskowe dacze i nie życzyły sobie pod nosem tłumów turystów. Trudno jednak powiedzieć, na ile te opowieści są prawdziwe.

Dąbrówno

Synagoga

Żydzi pojawili się w Dąbrównie w drugiej połowie XVIII wieku, a już w 1787 roku założono tu żydowski cmentarz, na którym grzebano również mieszkańców Nidzicy, Lubawy i Lidzbarka Welskiego, ponieważ miejscowości te nie posiadały w tamtym okresie własnych kirkutów.

Na początku XIX wieku na terenie Polskiego Przedmieścia (teren położony za tzw. Polską Bramą prowadzącą do miasta) wzniesiono murowaną synagogę wraz z mykwą i domem rabina. Podczas kryształowej nocy w 1938 roku synagoga została przejęta przez Skarb Rzeszy – nie podpalono jej ze względu na obawę pożaru w gęsto zabudowanej dzielnicy miasteczka, ale pozbawiono wyposażenia i częściowo przebudowano. Po wojnie we wnętrzach synagogi umieszczono magazyn mebli.

Obecnie budynek jest niedostępny. Próbowała go ratować Fundacja Zmiana, później dawną synagogę przejęła Fundacja Ochrony Dziedzictwa Żydowskiego, planująca utworzenie tam centrum kultury. Przy wejściu zamieszczono tablicę informacyjną, a na ścianie szczytowej w ramach artystycznego performance wymalowano w kilku językach napis: „Tęsknię za Tobą, Żydzie". Niestety, nie są prowadzone żadne prace remontowe i stan budynku stale się pogarsza. W jeszcze gorszej kondycji jest stojąca obok synagogi dawna mykwa.

Po drugiej stronie ulicy znajduje się duży wielorodzinny budynek mieszkalny. W jego ścianie widoczna jest nisza po posągu Germanii. Taką właśnie nazwę nosił dawny reprezentacyjny hotel Dąbrówna, w którym kiedyś organizowane były wszystkie najważniejsze miejskie uroczystości. Wybudowany na przełomie XIX i XX wieku Hotel Germania przewyższył górującą dotychczas nad dzielnicą synagogę, obok niego zorganizowano plac targowy. Dziś dość zaniedbany budynek daleki jest od dawnej elegancji.

Dąbrówno leży 23 km na zachód od drogi ekspresowej S7 (węzeł Rączki). Obydwa budynki stoją przy skrzyżowaniu ulicy Grunwaldzkiej z ulicą Ogrodową.

Dobrocin (Alt Bestendorf/Gross Bestendorf)

Pałac

Neorenesansowy pałac w Dobrocinie powstał w latach 40. XIX wieku na miejscu wcześniejszego dworu, który w XVI wieku (później przebudowywany) wzniosła w tym miejscu rodzina von Wilmsdorf. Od końca XVIII wieku aż do II wojny światowej majątek należał do rodziny von Domhardt, a ostatnim właścicielem pałacu był Otto von Goltz-Domhardt. Po wojnie w pałacu umieszczono Zespół Szkół Rolniczych. Od 2001 roku jest własnością prywatną, jego stan wydaje się być dość dobry, ale budynek jest pusty i nie wygląda na użytkowany.

Pałac stoi w rozległym parku z dużym stawem i wzgórzem widokowym. Ma ciekawą bryłę, bo wzniesiono go na nieregularnym planie, a zwieńczone wieżyczkami boczne skrzydła tworzą z tyłu dziedziniec

(otwarty z jednej strony). Do głównej części budynku dochodzi od frontu dobudowane później skrzydło gospodarcze, w którym mieści się oficyna i stajnia. We wnętrzu zachowała się ponoć (nie udało nam się wejść) część zabytkowych elementów – sztukaterie, kasetony, stropy, posadzki, schody, kominki i piece kaflowe.

W czasie wojen napoleońskich w dobrocińskim pałacu utworzono szpital polowy, a w 1945 roku stacjonował tu rosyjski sztab. Krążą pogłoski, że w okresie PRL-u pod pałacem umieszczono schron przeciwlotniczy, a jego wnętrza miały być przystosowane do roli szpitala wojskowego.

Dobrocin leży 8 km od Małdyt. Pałac znajduje się po lewej stronie drogi wojewódzkiej z Małdyt do Morąga.

Dylewo (Döhlau)

Pozostałości romantycznego parku i zaginione rzeźby Wildta

Dylewo to smutny cień jednego z najpiękniejszych założeń parkowych Prus Wschodnich. W centrum zaprojektowanych przez Johanna Larassa ogrodów umieszczono staw z półwyspami

i wysepkami, które łączyły z brzegiem ozdobne mostki. Obsadzone sta-rodrzewem alejki prowadziły do sztucznego wiaduktu, wieży widokowej i Groty Miłości, a przede wszystkim do słynnych marmurowych rzeźb Adolfo Wildta.

Ojcem parku był Franz von Rose – mecenas i kolekcjoner sztuki, któ-ry poznał młodego, włoskiego rzeźbiarza podczas swoich podróży. Rose zaprosił artystę do Dylewa i podpisał z nim umowę o prawie pierwoku-pu nowych dzieł. W wyniku tej umowy do Dylewa trafiło kilkadziesiąt unikalnych marmurowych rzeźb – część do specjalnego przeszklonego salonu, część do parku.

Niektóre z owych rzeźb zostały przez Franza Rosę i jego potomków przekazane do Królewca, kilka nadal jest w posiadaniu rodziny, a część trafiła do polskich muzeów. Resztę prac uznano za zaginione. Tak są-dzono do 2002 roku, kiedy to do Dylewa przybyła ekipa archeologów z Uniwersytetu Warszawskiego w celu odsłonięcia piwnic środkowej (zburzonej w 1945 roku) części pałacu. Podczas trwających zaledwie miesiąc prac wykopaliskowych odkryto dziesiątki zabytkowych przed-miotów, w tym kilkanaście rzeźb Adolfo Wildta.

Odnalezione rzeźby wyjecha-ły do Warszawy, co wzbudziło kontrowersje wśród niektórych mieszkańców Dylewa. Patrząc na stworzony przez Larassa park, trudno się takiej decyzji dziwić. Po wojnie w majątku utworzo-no PGR, a po jego likwidacji teren trafił w ręce Agencji Nieruchomości Rolnych. Dawne ścieżki stawały się coraz mniej czytelne, staw zarastał rzęsą, mostki niszczały, a unikalne rzeźby stopniowo znikały. Ostatnią z rzeźb – wykonaną w różowym marmurze podobiznę architekta parku – skradziono w 2001 roku. Dziś w dawnym dylewskim majątku oglądać możemy kościół, mocno przebudowane boczne skrzydła pałacu (w jednym mieści się szkoła, a w drugim mieszkania), wiadukt, pozostałości zabytkowych mostków, dolny poziom wieży widokowej i Grotę Miłości, w której, niestety, znajdziemy też sporo śmieci.

Dylewo leży w połowie drogi między Lubawą a Olsztynkiem. Aby dotrzeć do parku i pałacu, należy we wsi (jadąc od strony Marwałdu) skręcić w lewo, kierując się na wieżę kościoła.

Dymnik (Stein)

Pałac

Pałac w Dymniku nie reprezentuje żadnego określonego architektonicznego stylu. Kryta płaskim dachem budowla z wieżą mieszkalną swój dzisiejszy kształt zawdzięcza rodzinie von Keltsch, do której majątek należał w XIX wieku. Po wojnie pałac trafił pod zarząd

do PGR-u, a obecnie jest własnością prywatną, ale (poza odnowioną wieżą) robi dość zaniedbane wrażenie i tylko część budynku jest zamieszkana.

Tuż obok pałacu stoi wbudowany w skarpę niewielki budynek z czerwonej cegły. Na temat jego przeznaczenia istnieją dwie alternatywne wersje. Według pierwszej to składzik na węgiel, którego ozdobna fasada stylizowana jest na kapliczkę. Według drugiej jest to dawna kapliczka, która została wtórnie wykorzystana jako składzik na węgiel. Pewne jest jedynie, że wybudowano ją na zlecenie Viktora i Blanki von Keltsch. W ich czasach w Dymniku przywiązywano bardzo duże znaczenie do kwestii religijnych, w domu często się modlono i organizowano spotkania poświęcone lekturze oraz interpretacji Biblii. Jeśli coś uniemożliwiło rodzinie uczestnictwo w niedzielnej mszy, Blanka von Kelsch osobiście odprawiała nabożeństwo.

Zabawną ciekawostką dotyczącą tamtych czasów jest list z przeszłości, na który obecny właściciel Dymnika natrafił podczas naprawy zniszczonego przez nocną wichurę dachu wieży (był ukryty pod więźbą dachową). Jego autorem jest Richard v. Arnim, a adresatką jego żona – Magdalena z domu Keltsch. Zdaniem badającego historię tych okolic, Lecha Słodownika, list prawdopodobnie został ukryty ze względu na to, że nadawca zawarł w nim krytyczne uwagi na temat matki adresatki – wspomnianej wcześniej Blanki von Keltsch.

Dymnik położony jest 11 km od Dzierzgonia. Aby znaleźć pałac, należy (jadąc w kierunku Pasłęka) skręcić na końcu wsi w prawo, w drogę prowadzącą w głąb dużej kępy drzew.

Fabianki (Fabianhof)

Ruina myśliwskiego dworu

W głębi bukowej puszczy, nad rzeką Liwą ukryte jest pełne tajemniczej aury miejsce – ruiny dworu myśliwskiego Dohnów. Dwór wybudował w XVII wieku Graf Fabian von Dohna (nazwa pochodzi od jego imienia). Założenie składało się z niedużego budynku głównego oraz dwóch umieszczonych po bokach oficyn. Posadowiono je na niewielkim wzniesieniu, za którym rozciąga się mokradło – kiedyś mogło tam być jeziorko – a obok prowadzącej do wzgórza drogi posadzono szpaler dębów, które mają dziś potężne rozmiary.

Po wojnie w dworku była leśniczówka, później zorganizowano w nim ośrodek wczasowy, zaś po jego likwidacji dwór trafił w prywatne ręce i obiekt zaczęto remontować, jednak remont przerwano i budynki od lat stoją puste. Kilka lat temu wybuchł w Fabiankach pożar (sądząc po napisach na ścianach, ogień zaprószyła młodzież z Susza, wykorzystująca opustoszały dwór jako „klubokawiarnię") i środkowa część została mocno zniszczona.

Dawniej w pobliżu, nad rzeką stał również młyn Gostyczyn, który działał jeszcze do połowy lat 60., ale dziś nie ma po nim śladu. Na Liwie działa jedynie niewielka śluza wykorzystywana do produkcji prądu. Dzięki niej można przejść na drugą stronę rzeki, bo stary drewniany most został kilka lat temu zdemontowany.

Fabianki znajdują się w lesie przy drodze Jerzwałd-Zieleń (jadąc od Jerzwałdu – z prawej strony drogi). Auto należy zostawić na niewielkim parkingu, a następnie pójść ścieżką wzdłuż rzeki aż do śluzy. Po drugiej stronie śluzy prowadzi nas zarośnięta ścieżka – kilka metrów od rzeki ścieżka skręca w prawo, dochodzimy do polany i trafiamy na drogę (kiedyś szła do zlikwidowanego mostu), skręcamy nią w lewo i po chwili widzimy kolejną polanę, na niewielkim wzniesieniu stoją pozostałości pałacyku.

!

Girgajny
(Gergehnen)

Dwór

Rodowód miejsco-wości sięga śre-dniowiecza, ale sam dwór pochodzi z XIX wieku. Wzniesiony na planie kwadratu budynek ma formę włoskiej willi, ściany pokryte są klin-kierem, a nad wejściem umieszczono ozdobną ro-zetę. Na tyłach, od strony mocno zarośniętego ogrodu, w rogu budynku znajduje się duży, okrągły wykusz. Poniżej usadowionego na wznie-sieniu dworu widać jezioro, przy drodze stoją pozostałości zabudowań gospodarczych z XIX-wiecznym spichlerzem.

Projekt dworu przygotował Otto Ernst Glüer, architekt zajmujący się głównie budową kościołów, a zarazem brat właściciela rezydencji – Hermanna Otto Glüera. Po przekazaniu majątku pod zarząd syna Her-mann Otto poświęcił się karierze politycznej (przez siedem lat zasiadał w Reichstagu z ramienia Niemieckiej Partii Konserwatywnej). Jeden z synów Hermanna – Otto Glüer, który został pastorem w Smykowie pod Ostródą – znany był jako odważny krytyk nazizmu.

Po wojnie dwór podzielono na mieszkania dla pracowników PGR-u, a po jego upadku przekazano w ręce AWRSP. Obecnie majątek w Gir-gajnach (oraz kilka innych) jest dzierżawiony przez znanego z kilku głośnych procesów byłego prezesa dużej firmy ubezpieczeniowej. Dwór stoi pusty i popada w ruinę.

Girgajny leżą 5 km od Zalewa. Zabudowania gospodarcze stoją przy drodze na wjeździe do miejscowości. Aby dotrzeć do dworu, należy za-raz za spichlerzem skręcić w lewo, w drogę prowadzącą pod górę.

Glaznoty (Marinfelde)

Zabytkowy wiadukt kolejowy

D o położonych u podnóża Wzgórz Dylewskich Glaznot można przyjechać dla samych krajobrazów (panorama wsi wygląda szczególnie pięknie z drogi prowadzącej od strony Wygody). Glaznoty ukrywają jednak inną atrakcję – zabytkowy wiadukt kolejowy, którego smukłe filary spinają pozostałości wysokich nasypów. Glaznocki wiadukt, choć mniejszy, przypomina słynne budowle w Stańczykach.

Wybudowano go w 1913 roku jako element nowo tworzonej linii kolejowej Turza Wielka-Samborowo, która łączyła Działdowo z Ostródą. W 1945 roku trasa została rozebrana przez Rosjan, a po dawnym odcinku zostały tylko zapomniane nasypy i wiadukty (więcej o likwidacji sieci kolejowych przeczytać można przy  miejscowości Kitnowo). Stan wiaduktu w Glaznotach, niestety, systematycznie się pogarsza, choć krążą pogłoski o planach tworzenia jakichś ścieżek rowerowych biegnących trasą dawnej kolei.

Będąc w Glaznotach, warto przejść się też do kościoła ewangelicko-metodystycznego, który obecnie pełni rolę ekumenicznego centrum. Ta XIV-wieczna świątynia jest godnym naśladowania przykładem budynku, który ocalono od zapomnienia. Ostatnie nabożeństwo odprawiono tutaj w 1980 roku. Opuszczony kościół zaczął popadać w ruinę. Kiedy runął dach, z propozycją odbudowy zgłosił się Marek Kotański z mieszkającymi w pobliskim Marwałdzie mieszkańcami Monaru.

Glaznoty leżą 14 km od Lubawy. Wiadukt znajduje się na końcu wsi, na lewo od drogi prowadzącej w kierunku Zajączków.

Gładysze (Schlodien)

Ruiny rezydencji

P rzez blisko trzy wieki Gładysze były własnością majętnego rodu zu Dohna, który posiadał na terenie Prus Wschodnich liczne majątki, m.in. w Morągu, Słobitach, Gładyszach, Kamieńcu, Ławkach, Markowie i Karwinach (miejscom tym poświęcono oddzielne hasła).

Pałac w Gładyszach powstał w latach 1701–1704. Jego twórcą był francuski architekt Jean de Bodta, autor Pałacu Miejskiego w Poczdamie, u którego projekt nowej rezydencji zamówił Christoph zu Dohna. Budowę rozpoczęto pierwotnie w pobliskich Kwitajnach Wielkich, ale dwukrotne uderzenie pioruna w fundamenty budynku uznano za zły omen, więc ostatecznie zdecydowano się na lokalizację w Gładyszach.

Zespół pałacowy składał się z reprezentacyjnego budynku głównego (uważanego za świetny przykład baroku holenderskiego), dwóch parterowych budynków „kawalerskich", zabudowań gospodarczych (w tym Dworu Służby, dwupiętrowej kuchni i pięknej wozowni) oraz oranżerii połączonej z pałacem łącznikiem, w którym umieszczono galerię obrazów. Ogród pierwotnie zaprojektowano jako barokowy,

jednak w XIX wieku przekształcono go w park krajobrazowy. Przechodzący w las park – pięknie skomponowany wokół sześciu stawów – otoczony był umocnieniami z niewielkimi bastionami (w parku umieszczono też takie atrakcje jak pawilon herbaciany, czy domek podcieniowy dla dzieci).

Pałac w dobrym stanie przetrwał wojnę, ale po przejęciu przez Armię Czerwoną został zaadoptowany na kołchoz. W 1950 roku trafił w ręce Państwowych Zakładów Zbożowych, dziesięć lat później został włączony do PGR-u, a w 1984 roku stał się własnością prywatną. Przez te wszystkie lata służył za magazyn, przejściowo były w nim biura, a później stał pusty, praktycznie bez dozoru. Był okradany, niszczony, dewastowany, służył za „bar" i miejsce randek, ale w lepszej czy gorszej kondycji trwał aż do roku 1986, kiedy spłonął.

Wypalone pozostałości pałacu przejęła Polsko-Niemiecka Fundacja Ochrony Dziedzictwa Kulturowego Warmii. Teren jest uporządkowany i wejścia do budynków zabezpieczone, a na ruinach wiszą banery z wizualizacją odnowionej rezydencji. Nie widać jednak żadnych prac remontowych, które miałyby przybliżać realizację owych projektów. Jedynie zagrożona runięciem frontowa ściana podparta została stemplami.

W widocznych przez wyrwy salach dostrzec można pozostałości pięknych sztukaterii i ozdobne nisze po kominkach. We wsi zachowały się też resztki zabudowań gospodarczych należących kiedyś do majątku, np. malownicza gołębiarnia (według innych źródeł wozownia) i kuźnia.

Ostatni ślad rodu Dohnów w Gładyszach to ukryte w pobliskim lesie mauzoleum. Spory, neogotycki budynek z czerwonej cegły jest najwyraźniej remontowany.

Gładysze leżą 26 km od Pasłęka. Ruiny dawnej rezydencji znajdują się w centrum wsi po prawej stronie drogi. Naprzeciw, po lewej stronie widoczna jest zabytkowa kuźnia. Kaplica/mauzoleum stoi w lesie przy drodze Wilczęta-Gładysze. Aby do niej dotrzeć, należy skręcić w gruntową drogę, odchodzącą od tej trasy naprzeciw przystanku PKS.

Grądowy Młyn (Grundmühle Hohendorf)

Zespół młyński

Zespół młyński w Grądowym Młynie związany był z majątkiem w Wysokiej (co dostrzec można w niemieckiej nazwie miejsca) i Powodowie. Osada powstała prawdopodobnie w XV wieku, ale w XIX wieku większość zabudowań została rozebrana i postawiona od nowa, w związku ze zniszczeniami wywołanymi erupcją wody wydobywającej się pod dużym ciśnieniem ze studni artezyjskiej.

W skład zespołu wchodził młyn, dom młynarza, staw młyński oraz grobla ze skomplikowanym systemem kanałów i upustów. Na początku XX wieku młyn zmodernizowano, a podczas II wojny światowej podłączono do sieci elektrycznej (prąd przesyłano do pobliskich miejscowości podziemnym kablem). Przed 1945 rokiem do nowoczesnego, pięknie położonego młyna często przyjeżdżały wycieczki.

Obiekt przetrwał wojnę i był użytkowany. W latach 70. zespół młyński trafił w ręce prywatne – młyn został rozebrany, a pozostałe zabudo-

wania zdewastowane. Dziś z całego kompleksu ostał się mocno zniszczony budynek administracyjno-gospodarczy (na jego fasadzie widać napis: „Grundmühle 1908") oraz pozostałości dawnego systemu przepustów i kanał przelewowy.

Osada leży 17 km od Pasłęka. Jadąc od strony Pasłęka w kierunku Starego Dolna, pozostałości młyna zobaczymy za mostkiem po lewej stronie. Warto wspiąć się na wzniesienie za młynem, aby popatrzeć na okolicę i pozostałości dawnego systemu.

Gubławki (Gablauken)

Dwór

Płynąc Kragą (odnoga Jezioraka) w kierunku Kanału Elbląskiego, dostrzec można na stromym, północnym brzegu jeziora tajemniczy budynek. Piętrowy, z czerwonej cegły, o wysokim mansardowym dachu – zbyt duży na zwykły dom, zbyt skromny na pałac. To opuszczony dwór w Gubławkach.

Dwór zbudowany został na planie litery T, której daszek – czyli front – skierowano na przylądek półwyspu. Budynek nie ma dziś prawie żadnych dekoracji (kiedyś zdobiły go dwie porośnięte winem werandy), ale jest harmonijny i sprawia naprawdę przyjemne wrażenie. Przede wszystkim zachwyca jednak jego położenie. Przed dworem opada ku wodzie wielka łąka, która przy samym brzegu przechodzi w stromą skarpę. Rozciągający się z niej widok na szerokie rozlewisko i cumujące po drugiej stronie zatoki żaglówki jest jednym z najładniejszych na Jezioraku.

Majątek kilkakrotnie zmieniał właściciela, aż w 1880 roku został zakupiony przez Karla Fincka von Finckensteina. Wybudował on w Gubławkach dwór, który miał być siedzibą zarządcy dóbr (na parterze znajdowało się jego mieszkanie i biuro), jednocześnie jednak na piętrze urządzono pokoje gościnne przeznaczone do dyspozycji właściciela. W 1912 roku w gubławskim majątku zamieszkała hrabina Helene Finck von Fickenstein – wdowa po Karlu. Od tego czasu majątek zyskał miano „wdowiej siedziby".

Po wojnie w Gubławkach uruchomiono PGR, a w pałacu umieszczono jego biura i mieszkania. Obecnie jest w gestii Agencji Nieruchomości Rolnej Skarbu Państwa i stoi niezamieszkały. W latach 90. dzierżawca majątku miał adaptować zabudowania gospodarcze na ośrodek pracy twórczej, jednak budynki te zostały rozebrane. Sam dwór jest w całkiem dobrym stanie, pewnie dlatego, że jeszcze dwa lata temu w części pomieszczeń na parterze mieściły się biura.

Gubławki położone są 15 km od Zalewa. Najłatwiej do nich dojechać, kierując się na Wieprz, ale znacznie piękniejsza (choć czasem dość błotnista) jest stara gruntowa droga prowadząca do dworu od mostu na kanale, tuż przy końcu Kragi (jest tam drogowskaz na Gubławki). **!**

Gumniska Małe (Klein Rüppertswalde)

Zabytkowy pawilon dworcowy

N a skraju wsi Gumniska Małe stoi zaskakujący obiekt – niewielki drewniany budynek z wieżyczką zwieńczoną hełmem przypominającym pikielhaubę, który swoim kształtem przywodzi na myśl parkowe pawilony albo drewniane norweskie kościółki. To dawna stacja kolejowa w Budwitach.

Budynek powstał pod koniec XIX wieku w Prakwicach przy nowo otwartej linii kolejowej Malbork-Małdyty. Nazywano go „cesarski pawilon powitalny" lub w skrócie „cesarski pawilon", ponieważ został zbudowany dla cesarza Wilhelma II, który był zapalonym myśliwym i regularnie

uczestniczył w polowa-
niach na włościach miesz-
kającej w Prakwicach
rodziny zu Dohna (w oko-
licznych lasach można
odnaleźć tzw. „kamienie
Wilhelma" – głazy z in-
skrypcjami upamiętniają-
cymi jego łowieckie suk-
cesy).

Wizyty cesarza w Pra-
kwicach ustały w wyniku
jego kłótni z właścicie-
lem majątku, elegancki
pawilon nie był już więc
potrzebny. Około 1920

roku, na koszt mieszkającego w Budwitach miłośnika polowań, generała Reinholda von Eben, przeniesiono go do Gumnisk (stacja miała nazwę Budwity, ale faktycznie znajdowała się w Gumniskach Małych). Po
przeprowadzce przebudowano dworzec, rezygnując z werandy na rzecz
pięciokątnej, murowanej przybudówki, w której mieściła się nastawnia,
ale generalnie budynek zachował dawny styl.

W 1945 roku Armia Czerwona zdemontowała tory, ale w 1949 roku
udało się ponownie uruchomić linię Małdyty-Malbork, która działała do
końca lat 90. Dworzec przejęło PKP, przeznaczając go na mieszkania
dla pracowników kolei (podobno jednak jeszcze w latach 80. w jednym
z pomieszczeń stała ławka pamiętająca czasy budowy pawilonu). Obecnie dawny dworzec jest własnością prywatną. Ma w nim ponoć powstać
dom pracy twórczej, ale na razie stoi pusty, a ogrodzenie i zabite okna
czynią go niedostępnym. Można jednak zauważyć, że prowadzone były
jakieś prace remontowe. Cieszy fakt, że na zabytkowym budynku wymieniono poszycie dachu.

*Gumniska Małe leżą niedaleko trasy S7, 10 km od węzła w Matytach.
Jadąc od strony Gumnisk Wielkich, należy kierować się na Jarnołtów-
ko. Budynek dawnej stacji znajduje się po prawej stronie gruntowej
drogi.*

Jankowo (Jankendorf)

Pałac

Na krańcu wsi Jankowo, naprzeciw dawnego folwarku,
znaleźć można prawdziwą
perełkę: barokowo-eklektyczny pałacyk. Przez przeszło dwieście lat
Jankowo należało do rodu Finckensteinów, który pod koniec XVIII
wieku wzniósł w nim barokową rezydencję. W połowie XIX wieku
majątek trafił w ręce rodziny von
Reibnitz. Nowi właściciele przebu-
dowali pałac – podwyższyli jego
boczne skrzydła i dodali historyzu-
jące dekoracje. Dzisiejszy wygląd budynek uzyskał na początku XX wieku, kiedy wzbogacono go o elementy secesyjne.

Porośnięty winoroślą pałac wygląda bardzo urokliwie. Od frontu ma
ciekawą bryłę, której ozdobą są mocno wysunięte ryzality oraz ażuro-
wa secesyjna weranda. Od strony ogrodu zbudowano duży taras, ze
schodami prowadzącymi do zdziczałego obecnie ogrodu. Na ścianach
zachowały się bogate dekoracje, a we wnętrzu nadal podziwiać można
zabytkowe schody, sztukaterie i piece.

Ostatnim właścicielem majątku był mjr von Kobyliński-Korbsdorf. Po
wojnie pałac przez dłuższy czas znajdował się w rękach rosyjskich żołnierzy, a później przekazano go na potrzeby PGR-u, który urządził tam
biura i mieszkania. Po likwidacji PGR-u budynek zdawał się otrzymać
drugą szansę, bo kupiła go konserwatorka z Warszawy. W pałacu wyre-
montowano dach i przygotowano plany dalszych renowacji, ale ich realizację przerwała śmierć właścicielki. Dziś obiektem opiekuje się rodzina,
która stara się zabezpieczyć go przed dalszym niszczeniem.

*Jankowo leży 9 km od Dzierzgonia. Aby znaleźć pałac, należy w Jan-
kowie jechać w kierunku Protowa i na końcu wsi skręcić w prawo. Właściciel regularnie bywa w pałacu, aby porządkować teren, więc można
zapytać o możliwość obejrzenia wnętrz.*

Jarnołtowo (Gross Arnsdorf)

Pozostałości dworu i folwarku

WJarnołtowie można zobaczyć resztki majątku, w którym pracował Immanuel Kant, oraz ruinę dworu zbudowanego przez jego ucznia.

Znany z niechęci do opuszczania Królewca filozof wyjechał z miasta zaraz po studiach, bo ciężka sytuacja materialna zmusiła go do podjęcia pracy. Najpierw zatrudnił się u pastora we wsi Jadschen, aby w 1752 roku osiąść w Jarnołtowie jako nauczyciel dzieci właściciela tamtejszego majątku – Georga von Hülsena. Po powrocie na uczelnię obronił pracę doktorską, można zatem przypuszczać, że jego pierwsze dzieło *De ignis* powstało właśnie w Jarnołtowie.

Kant mieszkał w Jarnołtowie przez trzy lata, a jego relacje z rodziną pracodawcy były trwałe, o czym świadczy wymieniana latami korespondencja. Nauczyciel miał duży wpływ na edukację młodego Jerzego Fryderyka (późniejszego właściciela majątku). Prawdopodobnie właśnie pod wpływem argumentów filozofa Georg Friedrich von Hülsen, który również kształcił się w Królewcu (a nawet przez jakiś czas mieszkał u dawnego nauczyciela), zwolnił z pańszczyzny poddanych mu chłopów. Z korespondencji wynika, że Kant miał także wpływ na edukację jego dzieci.

W 1770 roku Georg Friedrich wybudował nową siedzibę. Jednopiętrowy budynek z oknami ukrytymi w mansardowym dachu stał się chętnie kopiowanym w Prusach Wschodnich wzorem, który określano mianem „dworu Hülsenów". Budynek w dobrym stanie przetrwał wojnę, przez pewien czas stał pusty, potem była tam ulokowana szkoła. W 1975 roku dawny dwór trafił w ręce prywatnego właściciela, któ-

ry przeznaczył go na stodołę. Zabytkowy budynek był coraz bardziej dewastowany, wreszcie został częściowo rozebrany. Obecnie na miejscu można obejrzeć pozostałości dawnego założenia – zniszczony fragment dworu i zabudowania folwarczne z ciekawym budynkiem bramnym.

Warto dodać, że w jarnołtowskim dworze przechowywano po wojnie część księgozbioru z Królewca, którą na zlecenie Ministerstwa Kultury zabezpieczył Jan Grabowski.

Jarnołtowo leży 9 km od Zalewa. Aby dojechać do dawnego majątku, należy kierować się na Przyborowo i skręcić w lewo za położonym w centrum wsi stawem. Przy dawnej szkole stoi drewniana rzeźba Immanuela Kanta.

Jelonki (Hirschfeld)

Domy podcieniowe

Podobnie jak Buczyniec, Jelonki kojarzone są głównie z systemem Kanału Elbląskiego. Mało kto z odwiedzających pochylnię turystów zagląda do wsi, a ma ona wyjątkowo piękną zabudowę. Wieś rozciąga się na średniowiecznym planie owalnicy, w centrum której znajduje się kościół, cmentarz i niewielki plac, przecięty nurtem rzeki Jelonki. W miejscowości zachowało się dużo starych budynków, z których wiele niestety nie jest w najlepszym stanie. Na uwagę zasługują zabudowania dawnej szkoły z 1913 roku (częściowo wykorzystana na bibliotekę, ale najstarsza część stoi pusta), stary budynek straży pożarnej, a przede wszystkim trzy domy podcieniowe.

Domów podcieniowych było kiedyś w Jelonkach pięć, ale jeden z nich został przebudowany, a inny w ostatnich latach wyjechał do Cyganki, gdzie niszczejący zabytek udało się uratować. Z pozostałych trzech, dwa są w kiepskim stanie, przy czym jeden z nich wygląda na opustoszały. Szczególnie ciekawy jest budynek nr 27, którego wystawka podparta została solidnymi okrągłymi kolumnami, a pozbawiona ozdób fasada robi dość monumentalne wrażenie.

Liczba słupów w domach podcieniowych nie była przypadkiem, ale wyznacznikiem statusu właściciela, gdyż każda z nich stanowiła odpowiednik jednej włóki posiadanej ziemi. O zamożności świadczyła też przeważnie wielkość samej wystawki, która pierwotnie służyła jako magazyn. Dopiero w późniejszym okresie w wystawkach zaczęto umieszczać również pomieszczenia mieszkalne. Podcienie znajdowało się przeważnie od strony ulicy i poza funkcją praktyczną, pełnił rolę dekoracji.

Jelonki leżą 10 km od Pasłęka. Domy podcieniowe mają numery: 27, 56 i 85 (ten ostatni jest najmniej interesujący i częściowo zakryty drzewami).

Jerzwałd (Gerswalde)

Powieściowy młyn

W sercu położonego na skraju puszczy Jerzwałdu drzemie opuszczony młyn z literacką przeszłością. Zbudowano go prawdopodobnie na przełomie XIX i XX wieku, napędzany był energią parową (tzw. Kunstmühle) i należał do większego kompleksu obejmującego tartak, dom dla pracowników oraz wytwórnię drewnianych części do maszyn rolniczych. W 1945 roku Rosjanie zrabowali maszyny i zniszczyli większość budynków. Pozostał jedynie młyn, który przez pewien czas wykorzystała jako magazyn skór zalewska garbarnia. Później opustoszał i zaczął niszczeć. Mocno zrujnowany budynek kupił aptekarz z Morąga. Odtworzył dach (obniżając przy okazji ściany o pół kondygnacji) i rozpoczął dalsze remonty, ale niestety ich nie ukończył, bo zginął w wypadku. Częściowo wyremontowany młyn przejęli synowie, którzy nie kontynuowali prac budowlanych. Obecnie budynek stoi pusty i pełni rolę punktu utylizacji aptecznych odrzutów. Chodzą pogłoski, że został ponownie sprzedany, ale nie wiadomo, na ile są prawdziwe.

W latach 80. opuszczony budynek uwiecznił Zbigniew Nienacki w powieści *Raz w roku w Skirołwkach*. Jerzwałdzki młyn był właśnie tym miejscem, w którym mieszkańcy Skiroławek „mieszali krew", gdy na Czaplej Wyspie zapłonął niebieski ogień. Cytat z fragmentem powieści znajduje się na tablicy umieszczonej przed budynkiem (tablice informacyjne ustawiono też przy innych obiektach w Jerzwałdzie i Matytach).

Jerzwałd leży 12 km od Zalewa. Jadąc z Zalewa, młyn mamy po lewej stronie. W tym roku wykarczowano większość rosnących na terenie młyna drzew, więc widać go z drogi. Teren jest ogrodzony, ale z boku posesji (od strony łąk) brakuje sporych fragmentów siatki. Dom, w którym mieszkał Zbigniew Nienacki, stoi przy wjeździe do wsi od strony Susza. W Jerzwałdzie jest też dom (letni) Aleksandra Minkowskiego – ostatni budynek po lewej stronie ulicy prowadzącej do jeziora.

Jerzwałd – Kanał Jerzwałdzki/ Zdryński

Zagadkowy kanał

W latach 30. XX wieku wybudowano w sąsiedztwie Jerzwałdu tajemniczy kanał. Zaczyna się na jeziorze Płaskim, przechodzi przez dwa leśne jeziorka (Zdryńskie i Twaruczek) i niespodziewanie znika w środku lasu, zakończony suchą groblą. Za groblą znajduje się około kilometrowy odcinek suchego kanału, a następnie staw Karpiarnia/Karpieniec (obecnie mocno zarośnięty, przypomina raczej bagno) oraz kolejna grobla, za którą biegnie prowadzący do Kamieńca Kanał Gaudziański.

Zarówno Kanał Zdryński, jak i Gaudziański mają parametry zbliżone do Kanału Elbląskiego, jest więc mało prawdopodobne, aby pełniły funkcję melioracyjną. Brak śluzy oraz kilkumetrowa różnica wysokości pomiędzy Gaudami a Jeziorakiem wykluczają też raczej zastosowanie żeglugowe. Najbardziej prawdopodobna wydaje się więc interpretacja, że system ten pełnił rolę militarną i miał (istnieją dwie teorie) albo umożliwiać zalanie okolic Susza w celu odcięcia drogi wrogim wojskom, albo przekierowywać wodę do rzeki Dzierzgoń. Tezę o militarnym zastosowaniu kanału uprawdopodabnia fakt, że obiekt nie jest zaznaczony na żadnych przedwojennych mapach.

Przed wojną i przez kilka lat po wojnie system kanałów wykorzystywała miejscowa ludność do hodowli ryb. W tym celu wiosną Karpiarnię napełniano wodą z jeziora Płaskiego, a jesienią wodę spuszczano do jeziora Gaudy. Wyrośnięte przez lato ryby zatrzymywały umieszczone w dolnej grobli okratowane przepusty. Obecnie część tych urządzeń nie jest już sprawna.

Kanał przepływa pod drogą Susz-Zalewo, przecinając ją tuż przy południowym krańcu wsi.

Jurecki Młyn
(Georgenthalermühle)

Dwór i pomnik

W niewielkim, dziwnie przebudowanym dworze w Jureckim Młynie trudno się dziś dopatrzeć przedwojennej rezydencji. Warto go odwiedzić albo po to, aby się przekonać, jak szybko i tanio można oszpecić zabytkowy budynek, albo ze względu na jego ciekawą przeszłość.

W latach 1946 – 1950 w Jureckim Młynie (nazywanym wtedy Jurkowym Młynem) działał Uniwersytet Ludowy zorganizowany przez znanego warmińskiego działacza – Jana Boeniga. Głównym celem placówki była repolonizacja młodzieży mieszkającej na Warmii, do grup przyjmowano jednak również repatriantów, aby wzmacniać proces integracji ludności napływowej z autochtonami. Utrzymanie podczas nauki zapewniało uczniom 350-hektarowe gospodarstwo rolne prowadzone przez młodzież w dawnym majątku.

Jadąc z Jureckiego Młyna w kierunku Miłakowa, warto zatrzymać się przy obelisku widocznym na skarpie po lewej stronie drogi. To pomnik poświęcony generałowi Romanowi Karłowiczowi Anrepowi, który zginął w tej miejscowości podczas kampanii napoleońskiej. Pomnik w 1945 roku został ostrzelany, a później przez wiele lat niszczał. Przypuszcza się, że był niezbyt wygodny ze względu na niemieckie nazwisko rosyjskiego generała. Porządnego remontu doczekał się dopiero niedawno.

Jurecki Młyn leży 3 km od Morąga, dawny dwór znajduje się w centrum wsi. Pomnik stoi przy drodze Morąg-Miłakowo, około 200 m za drogą prowadzącą do Jureckiego Młyna.

Kamieniec (Finckenstein)

Zespół pałacowy

Pałac w Kamieńcu Suskim kojarzy się głównie z Napoleonem, który mieszkał tu przez trzy miesiące z Panią Walewską. Tutaj zapadały ważne polityczne decyzje, tutaj 6 kwietnia 1807 roku podpisano dekret w sprawie utworzenia oddziałów polskiej gwardii. Na pamiątkę pobytu cesarza sale, w których mieszkał, otrzymały później nazwę Pokoju Śniadaniowego i Pokoju Napoleona.

Określany mianem Pruskiego Wersalu pałac wzniósł w 1720 roku Albrecht Konrad Finck von Finckenstein, przedstawiciel jednego z najbogatszych rodów Prus Wschodnich. Przy wydaniu zezwolenia na budowę pałacu Fryderyk Wilhelm I nakazał wydzielenie w budynku zajmujących

całe skrzydło apartamentów, z których miał korzystać podczas podróży – w związku z tym siedziba Finckensteinów zaliczana była do „pałaców królewskich". Pod koniec XVIII wieku posiadłość stała się własnością skoligaconej z Finckensteinami rodziny Dohnów, którzy byli jej ostatnimi przedwojennymi właścicielami. W 1945 roku kamieniecki pałac spalili radzieccy żołnierze. W ocalałych zabudowaniach folwarcznych uruchomiono po wojnie PGR, który następnie przejęła Agencja Własności Rolnej Skarbu Państwa. Później majątek trafił w ręce prywatne, kilkakrotnie zmieniając właściciela.

Pałac został zaprojektowany w stylu francuskiego baroku przez Johna von Collas. Zbudowano go na planie podkowy z rozległym frontowym dziedzińcem, na który prowadziły trzy bramy (na wszystkich umieszczono wykuty w kracie monogram „F"). Budynek był dwukondygnacyjny, bogato dekorowany. Za pałacem znajdował się obramowany kanałami ogród w stylu francuskim, przechodzący w park krajobrazowy.

Dziś z pięknego założenia pozostała malownicza ruina. Przez puste oczodoły okien dostrzec można dekoracyjne nisze po wykładanych miśnieńską porcelaną piecach i obramowania kominków. Na ścianach odnajdziemy resztki dekoracji, pozostałości sztukaterii i słoneczne zegary. Zdobiące kiedyś ogrodową attykę rzeźby wyjechały do Iławy. Na odbudowanie pałacu nie ma chyba szans. W znacznie lepszym stanie znajdują się zabudowania parkowe i gospodarcze, które przynajmniej częściowo były lub są obecnie remontowane.

Będąc w Kamieńcu, warto obejrzeć unikalny zabytek, o którym przeważnie nie wiedzą spoglądający na pałac turyści. Niewielki, ale dość wysoki budynek, którego mansardowy dach można dostrzec nad zabudowaniami folwarku, to XVIII-wieczna parkowa grota. Budynek składa się z jednej kondygnacji, ale ma dużo starsze piwnice. Niesamowite jest jego wnętrze – z bogatą dekoracją wewnętrznych ścian ozdobionych kilkoma rodzajami muszelek (m.in. ostrygi, muszle świętego Jakuba, muszle perłowców) oraz barwną mozaiką z fragmentów różnych minerałów. W pustych obecnie niszach stały kiedyś posągi, a w środkowej z nich umieszczona była wodna kaskada. Krąży pogłoska, że grota pełniła rolę loży masońskiej, ale nie udało mi się znaleźć żadnych informacji, które by ten fakt potwierdzały. W jej piwnicach istniało (dziś prawie całkowicie zasypane, ale widoczne) wejście do podziemnego korytarza, który prowadził ponoć do pałacu. Grota została niedawno uprzątnięta i ma być poddana renowacji.

Kamieniec leży 7 km od Susza. Pałac znajduje się przy drodze, po prawej stronie. Aby dojść do groty (trzeba zapytać o pozwolenie, bo teren jest prywatny), należy wejść na podwórze dawnego folwarku, które znajduje się z prawej strony pałacu.

!

Karwiny (Karwinden)

Kaplica dworska

Karwiny to wieś, która od początku XVI wieku do II wojny światowej była w rękach jednej rodziny – przez czterysta trzydzieści lat należała do rodu Dohnów. Przy wjeździe do dawnego majątku stoi zrujnowana dworska kaplica. Przypominającą mały kościółek świątynię wybudowano w pierwszej połowie XVII wieku. Z każdym rokiem jest jej coraz mniej, podobno kilka lat temu miała jeszcze kopułę, dziś – poza pozbawioną dachu wieżą – zobaczymy jedynie resztki zewnętrznych ścian.

Nieco dalej, w głębi dawnego parku, znajdziemy niewielki, dobrze zachowany budynek, którego jeden bok jest zaokrąglony. To dawna oficyna, w której obecnie jest dom mieszkalny. Przed wojną był tu jeszcze XVII-wieczny pałac w stylu holenderskiego baroku, otoczony krajobrazowym parkiem. Po spalonej w 1945 roku rezydencji nie ma już niestety śladu, a na miejscu zabytkowego pałacu stoją powojenne zabudowania.

Warto wspomnieć, że pod koniec wojny w karwińskim majątku ukrywano słynną Srebrną Bibliotekę – składający się z dwudziestu tomów księgozbiór zgromadzony przez Ostatniego Wielkiego Mistrza Krzyżackiego, księcia Albrechta von Ansbacha. Swoją nazwę księgozbiór zawdzięcza kunsztownym srebrnym oprawom, które przyozdobiono w różnorodne motywy (m.in. herby i portrety fundatorów oraz sceny religijne). Przechowywane na zamku w Królewcu zbiory w 1944 roku wywieziono do Karwin, gdzie pozostały do 1947 roku, kiedy przejęła je Biblioteka Uniwersytecka w Toruniu. Jednak sześć cennych tomów zaginęło.

! *Karwiny leżą 19 km od Pasłęka. Ruina kaplicy znajduje się na skraju dawnego parku, przy drodze przed wsią (jadąc z Pasłęka w stronę Wilcząt, mamy ją po prawej stronie).*

Kiersztanowo (Gross Kirsteinsdorf)

Zabytkowy spichlerz

W położonym malowniczo wśród morenowych wzgórz Kierszta-nowie znajdziemy dobrze zachowane, choć zniszczone założe-nie dworskie. Są tam zabudowania folwarczne, piętrowy dwór

z przełomu XIX i XX wieku oraz wzniesiony w 1893 roku kościół, który pierwotnie był kaplicą cmentarną. Zdecydowanie największe wrażenie robi jednak XIX-wieczny spichlerz. Budynek pochodzi z 1870 roku, jest więc starszy od dworu i kościoła, ma pięć kondygnacji i piękną, harmonijną bryłę. We wnętrzu podziwiać można świetnie zachowaną konstrukcję z łączonych na kliny grubych belek oraz rozwiązania techniczne związane z jego funkcją. Zewnętrzne ściany nie są w tak dobrym stanie i wymagają pilnego remontu.

Obiekt nie jest użytkowany, choć znajduje się w rękach prywatnych. Na ogrodzonym terenie, za spichlerzem stoi świeżo wyremontowana kuźnia, na samym spichlerzu śladów żadnych prac remontowych na razie nie widać.

Kiersztanowo leży 18 km od Olsztynka. Spichlerz znajduje się w centrum wsi. Na parterze, z tyłu budynku mieszka pan zajmujący się pilnowaniem obiektu.

Kitnowo (Kittnau)

Zabytkowy wiadukt

Jadąc przez wieś Kitnowo, można zauważyć stojący nad niewielkim parowem most o ciekawej konstrukcji. Budowla jest betonowa i ma dwa arkadowe rzędy filarów ustawionych pod sporym skosem. Nietypowy most to dawny wiadukt drogowy, jedna z niewielu pozostałości po nieistniejącej już linii kolejowej Ostróda-Olsztynek.

Linia powstała w 1894 roku z przedłużenia trasy Elbląg-Ostróda i miała znaczenie militarne, bo umożliwiała szybki transport wojska z Elbląga na granicę z Rosją. Ruch wzrósł też wyraźnie po wybudowaniu tannenberskiego mauzoleum w Olsztynku.

Trasa działała do końca wojny, ale w 1945 roku została zamknięta i rozebrana, a szyny wywieziono do ZSRR. W 1946 roku projektowano odbudowę niektórych odcinków w ramach planu trzyletniego, pomysły te nie zostały jednak nigdy zrealizowane.

Linia Elbląg-Ostróda była jedyną z wielu zlikwidowanych zaraz po wojnie. W 1939 roku sieć kolejowa na terenie Prus Wschodnich miała gęstość dwukrotnie większą niż Polsce, bo tempo rozwoju wschodniopruskich kolei było na przełomie XIX i XX wieku niezwykle szybkie. Masowy demontaż torowisk w 1945 roku zredukował długość tras o przeszło połowę.

Komorowo 1 (Kämmersdorf)

Dworek

W miejscowości Komorowo koło Łukty warto obejrzeć niewielki dworek z przełomu XIX i XX wieku. Majątek ten należał kiedyś do Friedricha Körnicha. Na jego ziemi utworzono w latach 30. duży zakład wapienniczy specjalizujący się w produkcji wapna spożywczego. Pozostałości fabryki przetrwały do lat 70. Później zostały rozebrane.

Otoczenie jest nieuporządkowane, a sam dworek mocno zaniedbany (mieszka w nim kilka rodzin), ale zachowała się piękna stolarka okien-

na, a w sieni można obej-
rzeć dekoracyjne wzory ma-
lowane na ścianach w latach
30.

Z samym Komorowem
wiąże się historia maka-
brycznego odkrycia, jakie-
go dokonano kilka lat temu
podczas budowy farmy ryb-
nej. Przy kopaniu stawu
natrafiono na liczne ludzkie
szczątki. Pojawiły się pogłoski, że może być tam po-
chowanych nawet sto osób
zmarłych na skutek epidemii
(we wsi od lat krążyły legendy o martwym polu, na którym muszą być
masowe groby, bo nic nie chce rosnąć). Ostatecznie udało się wydobyć
szczątki dwudziestu siedmiu osób – głównie dzieci i starców. Ciała były
bardzo płytko pochowane, nie stwierdzono na nich śladów przemocy
i oceniono, że przebywały w ziemi kilkadziesiąt lat. Prawdopodobnie
były to więc ofiary cywilne, zmarłe podczas ewakuacji przed nadciąga-
jącym frontem.

*Komorowo leży 20 km od Morąga i niewiele dalej od Ostródy i Olsztyna.
Dwór znajduje się na wschodnim krańcu wsi. Na rozwidleniu w centrum
wsi należy skręcić w prawo.*

Lepno (Löpen)

Ruina wiatraka holenderskiego/wieżowego

P rzy drodze do Lepna dostrzec można wiatrak holenderski usadowiony malowniczo pośród pofałdowanych łąk i pól. Podobno stoi
na miejscu dawnego grodziska. Budynek pochodzi z drugiej połowy XIX wieku. W dość dobrym stanie znajduje się murowany z cegły
korpus, natomiast z obrotowej czapy zostały strzępy, których jakimś
cudem trzymają się jeszcze resztki skrzydeł.

Wiatraki typu wieżowego pojawiły się w Holandii w XVII wieku,
a w okolice Żuław dotarły w XVIII wieku. W tej konstrukcji korpus

budynku jest nieruchomy, natomiast obraca się osadzona na nim drewniana głowica ze skrzydłami. Korpus najczęściej jest budowany na planie koła, chociaż zdarzają się też wieloboczne, i może być wykonany z różnych materiałów (murowany, drewniany lub drewniano--murowany).

Wiatrak w Lepnie jest jednym z niewielu ocalałych na naszych ziemiach „holendrów", niestety, nie został odpowiednio zabezpieczony i powoli niszczeje, a obejrzenie obiektu jest utrudnione z powodu niechęci właściciela gruntu w stosunku do gości.

Naprzeciw wiatraka, na niewielkim wzgórzu można obejrzeć pozostałości cmentarza z dobrze zachowanym pomnikiem ku czci mieszkańców poległych podczas I wojny światowej.

Lepno leży 10 km od trasy S7 (węzeł Marzewo). Wiatrak i cmentarz znajdują się na wysokości ostrego zakrętu przy drodze z Buczyńca, mniej więcej 1 km przed Lepnem – cmentarz zajmuje niewielkie wzgórze po prawej stronie drogi, wiatrak widoczny jest z lewej strony drogi – prowadzi do niego gruntówka (około 200 m). Dostępność obiektu jest ograniczona ze względu na biegające po obejściu psy.

Lipowy Ostrów (Lindenwerder)

Tajemnice wyspy

W iele z wysp na terenie dawnych Prus Wschodnich było kiedyś zamieszkałych, a ślady ich dawnego użytkowania można często znaleźć jeszcze dziś. Osoby odwiedzające wyspę Lipowy Ostrów intrygują przeważnie dwa nagrobki tkwiące samotnie w kręgu drzew na niewielkim wzgórzu. Na obydwu była kiedyś ponoć widoczna ta sama data, co dało pole do wielu spekulacji i stało się źródłem krążących wokół wyspy legend (najbardziej popularna jest wersja o mezaliansie i parze nieszczęśliwych kochanków). Groby są zadbane, a w sezonie letnim przeważnie stoją na nich zapalane przez żeglarzy znicze.

Poniżej wzgórza można obejrzeć fundamenty gospodarstwa rodziny Schultzów, które kilka lat temu uczytelniono z inicjatywy członków Stowarzyszenia Miłośników Kanału Elbląskiego Navicula (pierwotnie w celu lepszej wizualizacji umieszczono tam zbite z desek meble, ale już dawno spłonęły w ogniskach).

Na Lipowym Ostrowie jest jeszcze jeden ślad ludzkiej aktywności – dwie tkwiące w mule betonowe konstrukcje, które przypominają duże koryta. Niektórzy sądzą, że to fragmenty zatopionych pomostów. W rzeczywistości są to osiadłe na dnie betonowce, czyli łodzie, których kadłub wykonano z betonu. Tego typu konstrukcja zaprezentowana została po raz pierwszy na targach w Paryżu w 1855 roku. Ze względu na niskie koszty uważano ją za przełomową, ale betonowe łodzie i statki były podobno trudniejsze w nawigacji, więc produkcja nie osiągnęła nigdy wielkiej skali, choć betonowce używane są na świecie do dziś. Ich konstrukcja składa się z dwóch warstw betonu, pomiędzy którymi znajduje się powietrzna komora, wierzchnią zaś warstwę stanowi drewniane oszalowanie. Większe jednostki tego typu budowano kiedyś w Darłowie, stopniowo zaczęły jednak powstawać również barki.

Skąd wzięły się dwie betonowe barki przy wyspie na Jezioraku, nie wiadomo. Niewykluczone, że mają związek z mieszkającymi tu kiedyś ludźmi i były używane np. do transportu bydła. Druga hipoteza związana jest z naukowcami z Wydziału Budowy Okrętów Politechniki Gdańskiej, którzy na Jezioraku przeprowadzali testy wodolotów. Jedną ze swoich baz mieli właśnie na Lipowcu, może więc to oni porzucili przy wyspie tajemnicze konstrukcje?

Lipowy Ostrów znajduje się naprzeciw Siemian, w północnej części Jezioraka. Wzgórze z grobami, fundamenty zagrody i betonowce znaleźć można przy wschodnim brzegu wyspy.

Lubajny (Lubainen)

Ruina dworu

Klasycystyczny dwór w Lubajnach, który w XVIII wieku należał do rodziny von Groeben, jest już ruiną. Budynek przez lata stał pusty, był traktowany jak klubokawiarnia, zniknęły okna i drzwi, wreszcie zawalił się dach. Podobno nadal należy do Agencji Nieruchomości Rolnych i jest dzierżawiony przez osobę prywatną, ale śladów remontu nie widać. Nie można znaleźć też o nim żadnej wzmianki w najnowszym *Planie Odnowy Miejscowości Lubajny*.

Dwór zbudowany został na planie litery L, w narożniku umieszczono niewielką wieżyczkę. Wzniesiono go w XIX wieku, ale majątek ma dużo starszy rodowód, bo dobra rycerskie założono w Lubajnach już w XIV wieku. O średniowiecznych korzeniach miejsca świadczyć może m.in. odnaleziony tu zimą na przełomie 2016 i 2017 roku skarb siekańcowy, składający się z blisko czterystu pięćdziesięciu srebrnych zabytków (monet oraz tzw. siekańców, czyli fragmentów monet i ozdób).

Lubajny graniczą z Ostródą. Aby znaleźć ruiny dworu, należy (jadąc z Ostródy) skręcić w prawo przed drogą na Nowe Siedlisko i przejechać przez przejazd kolejowy (dwór jest za torami). **!**

Ławki (Lauck)

Ruina kościoła

Nad centrum wsi Ławki góruje stojąca na niewielkim wzniesieniu ruina średniowiecznego kościoła. Zbudowany został w połowie XIV wieku w stylu gotyckim, ale nigdy nie miał przypór wzmacniających mury boczne. Wschodni szczyt budynku przyozdobiono pięcioma blendami, które zachowały się do dziś. W zachodnim szczycie znajdowała się wieża, została jedynie jej dolna – murowana – kondygnacja. Kiedyś posadowiona była na niej drewniana nadbudowa, na której umieszczono zegar oraz herb Dohnów.

Od XVI wieku kościół w Ławkach znajdował się pod patronatem Dohnów. W 1945 roku budynek mocno ucierpiał pod ostrzałem radzieckiej ofensywy, zniszczeniu uległo też jego wyposażenie, zachowały się jednak mury zewnętrzne. W latach 60. zapadła ponoć decyzja o rozbiórce

niszczejącego obiektu, na szczęście nie została zrealizowana. Mieszkańcy wsi wspominają o planach odbudowy świątyni, ale, biorąc pod uwagę jej stan, realizacja tych planów wydaje się być mało prawdopodobna.

Na tle zrujnowanej ściany kościoła malowniczo prezentuje się pomnik ku czci poległych w I wojnie światowej, na którym umieszczono płaskorzeźbę żołnierza trzymającego karabin. Pomnik został zrekonstruowany/odnowiony w 1999 roku.

Kiedyś ozdobą Ławek był również barokowy pałac, popadł jednak w ruinę po przeprowadzce Dohnów do majątku w Markowie i w latach 30. XX wieku został rozebrany. Dziś po dawnym założeniu zachował się jedynie zdziczały park ze śladami amfiteatru i oficyna, którą początkowo zaadaptowano na szkołę, a później przeznaczono na mieszkania.

! *Ławki leżą 29 km od Pasłęka. Ruina kościoła znajduje się w centrum wsi, pozostałości zabudowań folwarcznych z prawej strony drogi biegnącej na północ – prowadzi do nich krótka aleja.*

Markowo (Reichertswalde)

Pseudomegalityczny cmentarz

Niedaleko Markowa, w poprzecinanym głębokimi wąwozami lesie znajduje się miejsce, które obrosło licznymi legendami – ma tu być czakram, pozostałość po Celtach, pamiątka po Druidach albo ślad masońskich obrzędów. W rzeczywistości jest to cmentarz rodowy Dohnów, którego projektanci wzorowali się na megalitycznych cmentarzyskach. Oryginalną nekropolię umieszczono na wysokim wzniesieniu. Pnąca się po stromym zboczu ścieżka prowadzi do niewidocznych z dołu granitowych schodów. Powyżej nich wznosi się kamienny półokrąg ustawionych pionowo głazów. Centralnym punktem założenia jest swastyka zdobiąca stojący z przodu grób. Tylną część cmentarza stanowi krąg brzozowy, w którym kiedyś prawdopodobnie ustawiony był wielki krzyż (jego pozostałości leżą na ziemi).

Na cmentarzu są jedynie dwa groby, w których pochowano ojca i syna. Na płycie nagrobnej syna znajduje się wspomniana swastyka, na płycie nagrobnej ojca herb Dohnów. Ponadto na nagrobkach umieszczono cytaty z Biblii oraz imiona zmarłych („Friedrich Ludwig Burggraf und Graf zu Dohna-Lauck 4.4.1874 – †1.7.1924", „Christoph Friedrich Burggraf und Graf zu Dohna-Lauck 12.12.1907 – †3.9.1935"). Najwięcej

kontrowersji budzi jednak znajdująca się z tyłu grobu syna inskrypcja z cytatem Hitlera, która bywa różnie odczytywana. Według pierwszej wersji jest to: „Ich morte auf den Christus. Adolf Hitler", według drugiej: „Ich warte auf den Christus. Adolf Hitler". Biorąc pod uwagę sens i gramatykę, prawdziwa wydaje się druga opcja, która oznacza: „Czekam na Chrystusa. Adolf Hitler".

W samym Markowie stoi dawna siedziba Dohnów, która obecnie służy jako dom weselny. Można rzucić na niego okiem jako na przykład wyjątkowo nieudanej odbudowy zabytkowego obiektu.

Markowo leży 13 km od Morąga. Cmentarz znajduje się w lesie, około 2 km za Markowem, z prawej strony drogi w kierunku na Klekotki. Aby dotrzeć do cmentarza, należy minąć las i zaparkować przed mostkiem łączącym stawy rybne, a następnie przejść około 1 km drogą prowadzącą przez łąki, równolegle do lasu. Droga mija duży, samotny dąb oraz niewielki rów i stopniowo zamienia się w ścieżkę, która (na wysokości połowy drugiego stawu) skręca do lasu. W lesie ścieżka na chwilę znika, ale po kilku metrach pojawia się ponownie i idzie stromo w górę w kierunku cmentarza. Nie ma sensu próbować dotrzeć do cmentarza na skróty przez las, bo pokrywa go gęsta sieć ledwo widocznych ście-

żek, więc łatwo pomylić drogę. A teren jest bardzo ciężki, bo cały las przecinają głębokie wąwozy.

Matyty (Motitten)

Wysiedlona wieś

Przedłużeniem dzisiejszej wsi Matyty był kiedyś Bukowiec – niewielki przysiółek usadowiony na końcu półwyspu o tej samej nazwie. Na jego krańcu, przy cieśninie oddzielającej jeziora Płaskie i Jeziorak, funkcjonowała przed wojną karczma, a przede wszystkim prom, którym można było się przedostać na przeciwległy brzeg, znacznie skracając drogę z Zalewa do Siemian. Podróżni jadący z Siemian do Zalewa musieli stanąć na brzegu i głośno wezwać prom, wołając: „Hol über!".

W latach 60. przysiółek wysiedlono w związku z założeniem plantacji nasiennych. Gospodarstwo Nasienne „Matyty" jest podobno hodowlą wzorcową, znaną wśród fachowców z innych krajów. O istnieniu Bukowca przypominają dziś jedynie pozostałości zabudowań, ustawione kilka lat temu tablice oraz głaz (już dawno skradziono z niego tablicę), który ma upamiętniać istniejący tu kiedyś cmentarzyk. Ślady dawnego Bukowca odnajdziemy też w twórczości Zbigniewa Nienackiego, który przy brzegach tego właśnie półwyspu kazał swoim bohaterom poszukiwać zatopionej ciężarówki z muzealnymi zbiorami ewakuowanymi z królewieckiego muzeum. W tym właśnie przysiółku pisarz odkrył ludowego poetę, Gustawa Kodrąba, którego grób znajdował się na zlikwidowanym cmentarzyku. Nie ma na razie żadnych dowodów, że poeta ów faktycznie istniał, jest więc całkiem prawdopodobne, że autorem wiersza *Złota Rękawica* był sam Nienacki. Poszukiwania Gustawa Kodrąba są jednak kontynuowane.

Matyty leżą 6 km od Zalewa. Pozostałości przysiółka Bukowiec znajdują się w końcowej części półwyspu, prowadzi tam oznaczona tablicami droga.

Miłakowo (Liebstadt)

Pozostałości zamku i młyn

Nad centrum Miłakowa góruje gotycki budynek z potężną, ozdobioną blendami wieżą. To wzniesiony w pierwszej połowie XIV wieku kościół zakonny. Wraz z istniejącym tu kiedyś zamkiem stanowił on zalążek przyszłego miasta, które rozwinęło się z podgrodzia.

Warownię wznieśli komturzy z Elbląga jako zamek komornicki. Żaden z tego typu budynków nie przetrwał w niezmienionym kształcie do czasów współczesnych, wiadomo jednak, że składały się z trójkondygnacyjnego domu i prostokątnego dziedzińca otoczonego murem obronnym. Zamek w Miłakowie miał ponoć jeszcze wieżę strażniczą i wzniesiony został na wysokiej skarpie naprzeciw stojącego w narożniku miasta kościoła. Poniżej wzgórza, w dolinie rzeki Miłakówki, Krzyżacy zbudowali młyn.

Zamek był w rękach zakonu do 1525 roku. Przetrwał oblężenie wojsk polskich w 1414 roku, ale w XVII wieku został zniszczony przez Szwedów, a następnie spalony podczas wojen napoleońskich. Nieremontowana ruina powoli znikała.

Dziś z miejskich murów pozostały tylko fragmenty, a na dawnym zamkowym dziedzińcu stoi współczesny dom. Ale nad Miłakówką oglądać możemy okazały budynek nieczynnego młyna, który zbudowano w 1904 roku na miejscu krzyżackiego poprzednika. A na stromym wzgórzu, naprzeciw kościoła, zachowały się fragmenty zamkowego przyziemia. Warto wdrapać się na skarpę, aby obejrzeć pozostałości ceglanych ścian z prowadzącymi w głąb wzgórza otworami: jeden przypomina sklepienie zasypanego korytarza, drugi – okienko szczelinowe. W opowieściach mieszkańców Miłakowa powtarza się wątek, że jako dzieci wchodzili do korytarzy pod wzgórzem, które ponoć były dostępne do lat 90. Padają informacje o połączeniu kościoła z podziemiami zamku i o tunelu prowadzącym od kościoła do brzegu jeziora. Ile w tych historiach jest prawdy, trudno osądzić. Ostatnią z nich potwierdził przedstawiciel lokalnych władz, mówiąc, że wejście na razie zasypano, bo kościół ma być remontowany, ale być może kiedyś korytarz zostanie udostępniony jako atrakcja.

Miłakowo leży 15 km od Morąga. Kościół stoi w centrum miejscowości, a naprzeciw są relikty zamku (trzeba zejść schodkami w dół, a następnie wdrapać się na skarpę od strony rzeki), poniżej wzgórza zamkowego stoi młyn, ale lepiej go widać z drugiej strony rzeki. W Miłakowie jest też ciekawe lapidarium z nagrobkami z cmentarza ewangelickiego oraz kilka macew, które można znaleźć na wydzielonej kwaterze w centrum użytkowanego obecnie cmentarza. Nekropolie te znajdują się przy ulicy Kaszubskiej.

Miłomłyn (Liebemühl/Liebemühle)

Pozostałości zamku i miejskich fortyfikacji

W XIV wieku obok brodu na Liwie Krzyżacy zbudowali zamek i młyn. Zamek podlegał komturstwu w Dzierzgoniu i był siedzibą prokuratora, a wiec oprócz domu głównego i otoczonego murem dziedzińca musiał mieć jeszcze dodatkowe skrzydła gospodarcze (prawdopodobnie był trójskrzydłowy i miał podzamcze oraz kwadratowe wieże w narożnikach murów). Obok zaczęła się rozwijać osada handlowa, wzniesiono mury miejskie i zbudowano kościół obronny. Połączono go z warownią podziemnym przejściem, które w 1520 roku wykorzystały oddziały krzyżackie, aby przedostać się na teren zamku zajętego przez polską załogę.

W XVI wieku zamek stał się siedzibą biskupów pomezańskich, a następnie przeszedł do domeny książęcej, ale w 1663 roku spłonął podczas wojen szwedzkich. Ruinę kupił mistrz ciesielski Becker, który rozebrał zgliszcza, a na zachowanych piwnicach wzniósł willę odkupioną w 1862 roku na siedzibę nadleśnictwa (w latach 20. nadleśniczy jedną z owych gotyckich piwnic udostępnił katolikom na niedzielne nabożeństwa). Po 1945 roku z willi Beckera przetrwała tylko mniej reprezentacyjna część zachodnia, ale również pod nią znajdują się gotyckie piwnice, w których zachowała się np. średniowieczna nisza na lampkę. Badania prowadzo-

ne przez archeologów z Uniwersytetu Kardynała Stefana Wyszyńskiego w 2013 roku pokazały, że pod warstwą ziemi jest prawdopodobnie nadal ceglana posadzka, zauważono też zamurowane przejście prowadzące poza obręb dzisiejszego budynku. Teren dawnego zamku przez lata należał do polskiej administracji leśnej. Ostatnio został wykupiony przez osobę prywatną, ale można zapytać o możliwość zwiedzania piwnic.

Odwiedzając Miłomłyn, warto także zobaczyć gotycką dzwonnicę, która jest pozostałością po połączonym kiedyś z zamkiem XIV-wiecznym kościele, i jako stojąca w narożniku wieża obronna była ważnym elementem dawnych fortyfikacji miejskich (w wieży do dziś znajdują się charakterystyczne otwory strzelnicze). Przy dzwonnicy zachowały się pozostałości murów miejskich.

Miłomłyn leży przy trasie S7, 13 km od Ostródy. Piwnice dawnego zamku znajdują się pod budynkiem/terenem położonym na końcu uliczki Zaułek Nadleśny, ok. 100 m za pomnikiem Inki, która w 1946 roku pracowała w miejscowym nadleśnictwie. Dzwonnica stoi obok nowego kościoła, warto obejrzeć budynek od strony malowniczego ogrodu, gdzie znajduje się wejście do wieży.

Młynarska Wola (Herrndorf)

Ruina kościoła

Dawny kościół św. Tomasza w Młynarskiej Woli zbudowano w 1593 roku na miejscu wcześniejszej świątyni, która została zniszczona podczas wojen polsko-krzyżackich. Przy budowie wykorzystano pochodzące z rozbiórki kamienie i cegły. Kościół miał przeszło 30 metrów długości i mieścił w ławkach ok. 350 wiernych. Szczególnie interesująco wyglądał jego szczyt wschodni, udekorowany blendami i dużym ostrołukowym oknem. We wnętrzu znajdowało się barokowe wyposażenie ufundowane przez rodzinę Dohnów ze Słobit, która sprawowała patronat nad parafią.

Budynek przetrwał II wojnę światową i okres funkcjonowania jako spichlerz Armii Czerwonej. Mimo dobrego stanu nie został jednak zagospodarowany przez administrację rzymsko-katolicką, na kilka lat udostępniono go jedynie wspólnocie prawosławnej, a w latach 60. i 70. umieszczono w nim magazyn nawozów sztucznych. Stan nieremontowanej budowli stale się pogarszał. Wreszcie w latach 90. runął dach i doszło do ostatecznego zawalenia konstrukcji.

Obecnie na miejscu dawnej świątyni obejrzeć można pozostałości

ściany bocznej i wspomniany szczyt wschodni, który od zewnętrznej strony budynku jest zadziwiająco dobrze zachowany i nadal wygląda bardzo dekoracyjnie, a od strony dawnego ołtarza robi dość ponure wrażenie. Przy ruinach ocalały resztki przykościelnego cmentarza z bramą wejściową.

Młynarska Wola leży 26 km od Elbląga. Ruina kościoła znajduje się z prawej strony drogi do Młynar, nad niewielką rzeczką Gardyna.

Ostróda (Osterode)

Zapomniany cmentarz

Jadąc ulicą Olsztyńską, dostrzec można wzgórze z białą bramą, za którą ciągnie się brukowana aleja. To Polska Górka – najstarszy cmentarz w Ostródzie, założony w 1735 roku. Charakterystyczną bramę cmentarną, na której dawniej był widoczny napis: „Tylko przez wrota grobowe wchodzi się do niebiańskiej ojczyzny", ufundowały sto lat później rodziny Letejskich, Rokoszów i Mentzlów.

Pierwotnie teren nekropolii obejmował trzy cmentarze – na prawo znajdowała się część polska, na lewo ewangelicka, w głębi zaś cmentarz żydowski. W roku 1805 przednie części połączono, odrębność zachował jedynie kirkut, który podczas nocy kryształowej został zniszczony.

W 1848 roku na Polskiej Górce spoczął Gustaw Gizewiusz, a w 650-lecie Ostródy na jego grobie ustawiono pomnik z otwartą Biblią i napisem: „Nie brzydźcie dzieciom polskim pięknej mowy ich matek". Od 1970 roku cmentarz jest zamknięty, ostatnim pochówkiem był pogrzeb Oskara Maczkowskiego, który w czasie plebiscytu kierował Domem Polskim w Ostródzie.

Polska Górka jest ponoć pod opieką konserwatora, ale trudno tę opiekę zauważyć. Jedynym względnie zadbanym miejscem jest grób Gizewiusza (choć i tu były butelki). Reszta przypomina raczej mocno zdziczały, zarośnięty park z kilkoma starymi alejami, pozostałościami schodów i labiryntem wydeptanych w zbitym gąszczu ścieżek, przy których czasem nagle pojawia się nagrobek – np. ostatnie dwie macewy albo

tajemniczy grób z symbolem cyrkla. Miejsce jest dość przygnębiające, ale robi niesamowite wrażenie.

Polska Górka znajduje się przy ulicy Olsztyńskiej, naprzeciw wylotu Pułaskiego, ale na jej teren można wejść także z innych stron. Lepiej nie spacerować tam w pojedynkę z cennym sprzętem fotograficznym na wierzchu, bo cmentarz jest naprawdę mocno zarośnięty i pełni funkcję baru.

Pasłęk (Preußisch Holland)

Kirkut

Kirkut w Pasłęku to jeden z lepiej zachowanych cmentarzy żydowskich w województwie. Znajdują się tam nagrobki z XIX wieku – pozostałości kilkudziesięciu grobów ziemnych i kilkanaście macew. Na niektórych z nich można znaleźć charakterystyczne symbole oraz czytelne napisy (w tym informacje po hebrajsku i niemiecku oraz oznaczenia czasu według dwóch kalendarzy).

Żydzi pojawili się w Pasłęku, kiedy zezwolono im na stałe osadnictwo w Prusach, czyli po 1812 roku. W 1817 roku założyli cmentarz oraz dom modlitwy, a w 1836 roku zbudowali pierwszą synagogę, która trzydzieści lat później zastąpiona została przez budynek murowany. Przez

kolejne dekady liczebność gminy żydowskiej rosła – aż do roku 1880, kiedy odnotowano obecność 175 osób. Pod koniec XIX wieku zaczęła się jednak zmniejszać, tak że w latach 30. mieszkało w Pasłęku już tylko około 40 Żydów. W roku 1938 gmina została rozwiązana, a gmach synagogi podpalono.

Nekropolia przestała być użytkowana w latach 30. Nie ma już oryginalnej żelaznej bramy i zabudowano dostęp od frontu, z dwóch stron cmentarza zachował się natomiast ceglany mur. W 2004 roku wandale wymalowali na nagrobkach swastyki. Kamień został odczyszczony, ale cmentarz nie robi zbyt zadbanego wrażenia, a wejście od strony ścieżki nie jest w żaden sposób oznaczone.

Kirkut znajduje się na tyłach ulicy Wojska Polskiego, ale przejście od WP jest zabudowane, więc żeby do niego dojść, trzeba skręcić w ulicę Zamkową. Kilka metrów za skrzyżowaniem Zamkowej z AWP biegnie w lewo wąska ścieżka, która prowadzi brzegiem stromej skarpy. Cmentarz znajduje się w odległości około 200 m.

Płękity (Plenkitten)

Stadnina

Dworek w Płękitach to niewielki klasycystyczny budynek z dwuspadowym dachem i kolumnowym gankiem. Powstał w 1836 roku, a pod koniec XIX wieku trafił w ręce rodziny Dreyer. Budynek nie ma szczególnie interesującej architektury i jest bardzo zaniedbany (stoi pusty). Znacznie ciekawszy wydaje się być sąsiadujący z nim folwark, a przede wszystkim oryginalny magazyn, który ma mocno wysuniętą drewnianą wystawkę, wspartą na czterech wysokich kolumnach o wysokości dwóch kondygnacji.

Wykorzystując infrastrukturę zabudowań folwarcznych, w 1949 roku utworzono w Płękitach stadninę koni. W latach 70. prowadzący stadninę PGR zatrudniał około 250 osób i poza Płękitami należały do niego też gospodarstwa w Linkach, Girgajnach, Smolnie i Klonowym Dworze. Stadnina stała się jednak sławna – nie z powodu prowadzonej tu hodowli, ale ze względu na kolekcję powozów, zgromadzoną przez Ryszarda Witoszyńskiego – dyrektora PGR-u. Płękicka powozownia posiadała 38 pojazdów konnych, co stawiało ją na drugim miejscu po Łańcucie, a wśród zgromadzonych tu bryczek, powozów i sań był milord, wyprodukowany ponoć dla marszałka Józefa Piłsudskiego.

Nie jest do końca jasne, co stało się ze słynną kolekcją, którą kiedyś oglądały liczne wycieczki. Jedna czwarta została wyprzedana przez

nowego dyrektora PGR-u na początku lat 90. Potem majątek przejęła Agencja Własności Rolnej Skarbu Państwa, dziś dzierżawi go osoba prywatna. Brama jest szeroko otwarta, a teren dostępny (na bramie wisi nawet reklama jazdy konnej), ale w żadnym z budynków nie udało się nikogo znaleźć, a po kwadransie nadjechał pan, który na każde pytanie odpowiadał: „Proszę opuścić ten teren". Osoby postronne nie były w stanie udzielić jednoznacznej odpowiedzi, czy w dawnym folwarku nadal znajdują się jakieś zabytkowe pojazdy.

Płękity leżą przy trasie S7, 6 km od Małdyt. Folwark i dwór znajdują się na początku wsi, z prawej strony drogi.

Ponary (Ponarien)

Pałac

Na wysokim brzegu jeziora Narie stoi okazały, choć nieco skromnie udekorowany pałac von Groebenów. Majątek należał do tego rodu od końca XVII wieku do 1945 roku i był rozległy – w jego obszarze mieściło się całe jezioro Narie (dzierżawcy oprócz opłaty za korzystanie z jeziora byli zobowiązani regularnie dostarczać właścicielom świeże ryby). Obecny kształt rezydencji powstawał w kilku etapach. Istniejący tu wcześniej późnogotycki dwór (pozostały z niego trzy parterowe sale) rozbudowano w XVII wieku, tworząc dwukondygnacyjny pałac, który w XVIII wieku przerobiono na styl barokowy, a w XIX wieku ponownie rozbudowano.

Rezydencja najładniej prezentuje się od strony ogrodu, gdzie umieszczono okrągły gazon oraz taras z ażurową altaną. Zaprojektowany przez Johanna Larassa park krajobrazowy jest nieco zarośnięty, ale nadal rozciąga się wzdłuż brzegów jeziora, malowniczo opadając ze skarpy, na której do XIX wieku znajdował się francuski ogród z tarasami.

W parku można napotkać pozostałości infrastruktury turystycznej, bo po wojnie w pałacu zorganizowano ośrodek wypoczynkowy. Budynek był dwukrotnie odnawiany, obecnie jednak przeszedł w ręce prywatne i coraz bardziej niszczeje. Pałacu pilnuje stróż, ale obiekt nie jest w żaden sposób użytkowany. Nie zachowało się zbyt wiele budynków gospodarczych. Jeszcze kilka lat temu chlubą Ponar była piękna, XIX-wieczna kuźnia z neogotyckim detalem i sygnaturką, dziś jest już ruiną.

Krąży historia, że matka ostatniego właściciela Ponar, Benita von Groeben z domu Finckenstein, w styczniu 1945 roku pozostała wraz ze służbą w pałacu i rozegrała z radzieckim komendantem partię szachów, potem została rozstrzelana. Trudno powiedzieć, ile w tej opowieści prawdy. Faktem jest, że Benita rzeczywiście odmówiła ucieczki z resztą rodziny i została zastrzelona.

Ponary leżą 13 km od Morąga. Jadąc przez wieś, należy na zakręcie zjechać z asfaltu i pojechać prosto drogą gruntową (przy drodze widać komin dawnej kuźni). Aby wejść do pałacowego parku, należy iść ścieżką okrążającą teren pałacu z lewej strony.

Powodowo (Powunden)

Ruina dworu

W miejscowości Powodowo podziwiać można pięknie wyremontowany dwór z drugiej połowy XIII wieku. Budynek zwieńczony jest mansardowym dachem i łączy w sobie elementy barokowe i klasycystyczne. Stoi w rozległym parku ze stawami, w którym zachował się też cmentarz rodowy oraz pozostałości dawnej lodowni.

Mało kto z turystów wie, że na końcu wsi znajduje się drugi dwór. Młodszy, bo zbudowano go w 1848 roku, ale w nieporównywalnie gor-

szym stanie. Kiedyś jego fasadę zdobił piętrowy ryzalit z trójkątnym szczytem i czterema łukowato wykończonymi oknami oraz elegancki taras z szerokimi schodami. Dziś właściwie jest już ruiną – zostały z niego tylko pozbawione elementów dekoracyjnych ściany, które na szczęście przykrywa dach (niestety blaszany).

Przed wojną stanowił on siedzibę posiadłości Nowe Powodowo, która powstała w połowie XIX wieku w związku z podziałem dotychczasowego majątku Powodowo na Neu Powunden i Adlig Rittergut Powunden. W 1909 roku obydwa majątki kupił Erich Bochert, ale dekadę później, w związku z chorobą, prowadzenie majątku scedował na żonę, Wandę Bochert, która sprzedała Nowe Powodowo Otto Zimmermanowi. Majątki trafiły jednak ponownie do jednej rodziny, bo w 1924 roku córka Zimmermana wyszła za mąż za syna Bochertów – lotnika Luftwaffe. Po II wojnie światowej w majątku uruchomiono PGR. Obecnie obydwa dwory są własnością prywatną, ale dwór w Nowym Powodowie miał najwyraźniej mniej szczęścia niż jego starszy brat.

Powodowo leży 18 km od Pasłęka. Ruina dworu Nowe Powodowo znajduje się na południe od drogi z Wysokiej, na skrzyżowaniu trzeba skręcić w lewo. Wyremontowany dwór Adlig Rittergut Powunden jest po prawej stronie skrzyżowania. **!**

Pozycja Iławska (Deutsch Eylau Stellung)

Fortyfikacje niemieckie

Pozycję Iławską wybudowano latem 1939 roku. Jej celem była ochrona zlokalizowanego w Iławie węzła komunikacyjnego, konieczna w związku z planowanym konfliktem zbrojnym. Z tego powodu umocnienia wzniesiono na południe od miasta, przy drogach biegnących w stronę granicy z Polską. W ich skład wchodziły bunkry bojowe typu Schartenstand D (prawdopodobnie było ich pięć, dwa z nich zostały w 1944 roku przebudowane na bierne) oraz szeroki obetonowany okop, który jest stanowiskiem dla działa pancernego. Istotnym elementem fortyfikacji były też umocnienia wiaduktów kolejowych.

Pozycja Iławska nie była w stanie zatrzymać ofensywy w 1945 roku. Zachowały się za to w dobrym stanie trzy z wchodzących w jej skład bunkrów. Warto zobaczyć przede wszystkim bunkier sąsiadujący z obetonowanym okopem oraz bunkier ukryty pod szopą maskującą wśród wiejskiej zabudowy.

Bunkier z szopą maskującą znajduje się w centrum wsi Karaś. Jadąc z Iławy, mamy go po prawej stronie drogi, za skrzyżowaniem z drogą na Radomek (stoi na prywatnej posesji, ale wystaje poza ogrodzenie). Bunkier z betonowym okopem znajduje się po prawej

stronie drogi Iława-Radomno, mniej więcej 1 km od wiaduktu kolejo-
wego (jest przy samej drodze, ale nie rzuca się w oczy, bo maskuje go
wzniesienie).

Rąbity (Rombitten)

Dwór

D wór w Rąbitach powstał w XIX wieku. To niewielka neoklasycy-
styczna budowla, z wejściem ozdobionym drewnianym gankiem
i umieszczonym od strony ogrodu tarasem. Budynek stoi w parku, na niewielkim wzniesieniu, jest pusty oraz mocno zniszczony, ale
teren wygląda na uprzątnięty, a dach na zabezpieczony. Podobno pla-
nowany jest gruntowny remont z przeznaczeniem na cele mieszkalne.

W rąbickim dworze mieszkała Elisabeth Lemke – niemiecka badaczka
folkloru, która zajmowała się gromadzeniem wierzeń i legend Ziemi Zalewskiej. Ich zbiór opublikowała w trzytomowym dziele, zawierającym
opis zwyczajów, strojów i wyposażenia domów wschodniopruskiej wsi.

Jej wielką pasją była też botanika i archeologia, przy czym na fragmenty ceramiki z początku pierwszego tysiąclecia trafiła przypadkiem podczas prac ogrodowych na terenie majątku. Elisabeth Lemke zajęła się poszukiwaniem oraz eksploracją okolicznych kurhanów (prowadziła wykopaliska m.in. w Urowie, Karnitkach, Karpowie oraz Gubławkach). Była członkiem wielu towarzystw naukowych, np. Zachodniopruskiego Towarzystwa Botaniczno-Zoologicznego i Niemieckiego Towarzystwa Antropologicznego. W 1886 roku przeprowadziła się do Berlina, gdzie pogłębiała wiedzę z zakresu prahistorii, botaniki i etnografii oraz zajmowała się działalnością popularyzatorską – publikując i wygłaszając wykłady. Była pierwszą kobietą, która otrzymała złoty medal od Muzeum Marchii w Berlinie.

Rąbity leżą 4 km od Zalewa. Dwór znajduje się na końcu drogi prowadzącej przez wieś, po prawej stronie, w parku.

Różnowo (Rosenau)

Pomnik pierwszowojenny z ciekawą tablicą

Pomniki ku czci ofiar I wojny światowej stanowią charakterystyczny element krajobrazu Warmii i Mazur. Materialnym śladem wydarzeń wojennych są dziś też cmentarze i gaje bohaterów, a także witraże czy kandelabry z nazwiskami poległych. Najbardziej popularną formą upamiętniania stały się jednak pierwszowojenne pomniki, które zaczęto wznosić jeszcze w trakcie działań wojennych. Budowano je z kamienia, ale początkowo miały one bardzo różny kształt, bo nie wytworzył się jeszcze żaden wzorzec (przykładem może być pomnik w Malinowie pod Działdowem, str. 160). Z czasem wykształciły się pewne typowe formy takie jak ostrosłup, obelisk, kubiczny monument, budowle rzadziej stylizowane na kapliczki czy pomniki figuralne (te spotykało się jedynie w mieście).

Pomniki te zazwyczaj stawiano w centralnym punkcie miejscowości albo przy cmentarzu, przeważnie w pobliżu dróg, często na wzniesieniu. Po II wojnie światowej poniemieckie pomniki były negatywnie postrzegane, choć znajdowały się na nich i polskie nazwiska, a za wieloma niemiecko brzmiącymi kryli się Mazurzy. Dotychczas na leżących w granicach Polski dawnych terenach Prus Wschodnich udało się zlokalizować około 450 tego typu monumentów. Przy czym część jest mocno zniszczona, część zrekonstruowana lub odnowiona w ostatnich latach, a część przerobiona na innego typu pomnik. Większość z tych przerobionych służy za postument pod świętą figurę, ale zdarzają się i takie, które upamiętniają inne wydarzenia.

Przykładem tej drugiej opcji jest pomnik w Różnowie. Postument ufundowany przez mieszkańców wsi nadal stoi w sąsiedztwie dawnego cmentarza na pokościelnym wzgórzu i jest w całkiem dobrym stanie. Ma tylko inną tablicę – w 1945 roku usunięto inskrypcję poświęconą mieszkańcom Różnowa, a na jej miejscu pojawił się napis: „Bojownikom poległym w walce o Polskę Ludową cześć; Kom. Gm. PZPR". Tablice o podobnej treści są dziś raczej ewenementem, warto ją więc obejrzeć, dopóki w imię dekomunizacji nie zostanie usunięta.

Różnowo leży 3 km od Susza. Pomnik znajduje się po lewej stronie drogi w kierunku Dąbrówki.

Rydzówka (Kalthof)

Dwór

Neoklasycystyczny dwór w Rydzówce pochodzi z XIX wieku. Budynek jest dwukondygnacyjny i ma dość oryginalny front, bo zdobi go umieszczony centralnie ryzalit, który na poziomie pierwszego piętra przechodzi w loggię z trzema arkadami. Najdłużej majątek należal do rodu von Schertwitz, w którego posiadaniu był przez trzy wieki. Ale najbardziej znanym właścicielem Rydzówki stał się Karl Görg, którego metody prowadzenia gospodarstwa uważano za tak dobre, że w 1919 roku na naukę gospodarowania przysłano do niego dwudziestoletniego księcia Aleksandra zu Dohna – ostatniego właściciela Słobit.

Po wojnie w Rydzówce utworzono PGR, którego majątek przejęła w latach 90. Agencja Własności Rolnej Skarbu Państwa. W 1997 roku tereny dawnego PGR-u sprzedano norweskiej firmie spożywczej, niestety, dwór trafił w ręce innego kupca i nie jest w najlepszym stanie. Jeszcze kilka lat temu był zamieszkały, teraz zajęty jest tylko jeden lokal (w przybudówce), a główna część dworu stoi pusta i nie jest zabezpieczona. W środku zachowała się drewniana klatka schodowa, większość pomieszczeń jest jednak mocno zniszczona. Położony na tyłach park zarósł i nie można już w nim znaleźć pozostałości zabytkowego cmentarza. Los założenia wydaje się niepewny, bo w internecie można znaleźć następujące ogłoszenie:

„Sprzedam lub zamienię na jakiś ciekawy samochód dworek w miejscowości Rydzówka obok Pasłęka (...). Sprzedaję, ponieważ jestem za młody na takie inwestycje, a otrzymałem to w spadku. (...) Jest to okazja cenowa, ponieważ nie chcę płacić już podatków od tej nieruchomości."

!
Rydzówka leży 7 km od Pasłęka, dwór znajduje się w centrum wsi.

Samborowo (Bergfriede)

Bunkry kolejowe w kształcie wież obronnych

 Na początku XX wieku Niemcy zaczęli wzmacniać i zabezpieczać kluczowe przeprawy mostowe na wschodzie kraju. Za szczególnie ważną dla obronności Prus Wschodnich uznano linię ko-

lejową biegnącą z Olsztyna do Ostródy i Iławy. W latach 1901–1902 zbudowano więc przy prowadzącym przez Drwęcę wiadukcie kolejowym dwa bliźniacze bunkry w kształcie wież obronnych. Usytuowanie wież przy moście na Drwęcy miało znaczenie ze względu na możliwość obrony przeprawy leżącej blisko granicy, ale też z powodu zbudowanego tam jeszcze w 1870 roku jazu Samborowo, który stanowi ważny obiekt w systemie wodnym Mazur Zachodnich (dzięki jego istnieniu możliwa jest żegluga na trasie Miłomłyn-Ostróda, bo podnosi poziom wody jeziora Drwęckiego).

Samborowskie wieże mają dwie kondygnacje, zbudowano je z czerwonej cegły, ale posiadają specjalnie wzmocnione stropy z granito-betonu. Miały być obsadzane dwoma plutonami piechoty. Aby umożliwić komunikację, między blokhausami zbudowano biegnący pod torami tunel (poternę), w którym umieszczono dodatkowe otwory strzelnicze. Niestety, tunel został podobno zniszczony podczas remontu kolejowego nasypu. Trudno jednak sprawdzić, jaki jest faktyczny stan wnętrza budowli, bo drzwi są obecnie zamurowane, w związku z czym nie można wejść do środka. Na zewnątrz widać, że obiekt niszczeje. PKP złożyło niedawno zapytanie ofertowe w sprawie opracowania dokumentacji pozwalającej na zabezpieczenie wież i przeprowadzenie tam prac konserwatorskich, a militarysta, który pod koniec lat 90. zdemontował i „zabezpieczył" zabytkowe kopuły (tę budzącą wiele kontrowersji sprawę opisano przy bunkrach kolejowych w Tomarynach na stronie 124), zobowiązywał się podobno przed dwudziestu laty, że w przypadku re-

montu wież odda odrestaurowaną kopułę, aby mogła być wyekspono-
wana obok budowli. Może jest więc jeszcze jakaś szansa, że ten niezwykle ciekawy, militarystyczny zabytek wróci do dawnego blasku i zostanie
udostępniony?

*Samborowo leży 13 km od Ostródy. Do mostu i wież najłatwiej dotrzeć
od przejazdu kolejowego, idąc drogą z prawej strony torów.*

Sambród (Gross Samrodt)

Pałac przebudowany na kościół

O glądając kościół w Sambrodzie, odnosi się wrażenie, że świątynia wygląda mało sakralnie. Zarówno fasadę, jak i ściany
boczne przecina szereg wielkich, oddzielonych pilastrami okien,
które kojarzą się raczej z salą balową. Ściany te wieńczy rozbudowany
gzyms, nad którym wznosi się piękny mansardowy dach, kryjący duże
półokrągłe okna i niewielkie okrągłe lukarny. Wejścia do budynku strze-
że drewniana wieżyczka, nieproporcjonalnie mała i skromna w stosunku
do bryły budynku.

Dziwny wygląd kościoła wynika z faktu, że pierwotnie stanowił on
skrzydło pałacu budowanego w latach 1739 – 1741 przez Dohnów. Pała-

cu nigdy nie ukończono i pozostały po nim jedynie dwa boczne skrzydła. Lewe w 1793 roku przekształcono na kościół, w prawym urządzono plebanię (dziś znajdują się tam lokale mieszkalne). Budynki znacznie się od siebie różnią – znajdują się w odmiennym stanie, mają inne szczyty, a do plebanii dostawiono boczną przybudówkę i dostosowano do celów mieszkalnych wielkość okien, ale nadal można dostrzec, że korpus obydwu skrzydeł był identyczny.

Sambród leży 15 km od Pasłęka i 3 km od trasy S7 (węzeł Marzewo). Kościół i oficyna znajdują się przy bocznej drodze prowadzącej na Rybaki i Karczemkę.

Słobity (Schlobitten)

Ruiny rezydencji

Rezydencję w Słobitach uważano za najpiękniejsze założenie Prus Wschodnich. Majątek należał do rodu Dohnów już od XVI wieku, ale pałac wzniesiono dopiero w latach 1621 – 1624 na miejscu wcześniejszego dworu (prawdopodobnie był drewniany i spłonął). Była to dwukondygnacyjna budowla na planie litery H, nawiązująca stylem do renesansowej architektury niderlandzkiej. W latach 1661 – 1728 pałac gruntownie przebudowano, przekształcając go w monumentalną rezydencję barokową. W tym celu podwyższono budynek i dostawiono do niego galerie, a na ich końcach wzniesiono prostopadłe boczne skrzydła. Powstała w ten sposób podkowa otaczała dziedziniec honorowy, przed frontem budynku umieszczono duży staw, przez który prowadził bogato dekorowany most. Oprawę pałacu stanowił rozległy park, w którym początkowo dominował barokowy ogród, przekształcony z czasem w park krajobrazowy w stylu angielskim. Za parkiem zbudowano dodatkowy (barokowy) folwark. Ostatnie zmiany przeprowadzono w XX wieku – oficyny otrzymały wtedy mansardowe dachy, a cały budynek został odnowiony.

Rezydencja zyskała rangę pałacu królewskiego, bo w specjalnym apartamencie, podczas podróży, zatrzymywał się monarcha. Taką pozycję zawdzięczała rezydencja zarówno skali założenia i jego architekturze, jak i słynącym z pięknego wyposażenia wnętrzom, np. sala balowa była dwukondygnacyjna, zdobiły ją bogate sztukaterie oraz malowidła stworzone przez Giovanniego Baptistę Schannesa, a przy oknach stały

popiersia władców, których właściciel poznał w trakcie podróży dyplomatycznych (w tym Jana III Sobieskiego).

W 1945 roku pałac spłonął (nie wiadomo na pewno, czy stało się to w wyniku ostrzału, czy podpalenia przez stacjonujących tam radzieckich żołnierzy) i nigdy już nie został odbudowany, choć w kosztach odbudowy rezydencji chciał partycypować ostatni właściciel Słobit, Aleksander zu Dohna. W dawnym majątku założono PGR, a nieremontowane pozostałości pałacu coraz bardziej niszczały. Dziś w miejscu imponującej rezydencji podziwiać można jedynie zdziczały park oraz malowniczą ruinę z resztkami wypalonych ścian i wiodącym przez zarośnięty staw zabytkowym mostem. W najlepszym stanie jest dawny folwark, ale także coraz bardziej niszczeje (w latach 90. pojawiły się różne plany jego adaptacji, niestety, niczego z nich dotychczas nie zrealizowano).

Pałac w Słobitach jest jednym z miejsc, w których poszukiwano Bursztynowej Komnaty. Niektórzy poszukują jej tam nadal, choć Aleksander Dohna wielokrotnie powtarzał, że faktycznie zwrócono się do niego w tej sprawie, ale odmówił, ponieważ piwnice nie nadawały się na skrytkę ze względu na dużą wilgoć. Nie ulega natomiast wątpliwości, że w pałacu znajdowały się w 1945 roku kolekcje dzieł sztuki należą-

ce do właściciela – w tym zawierająca wiele cennych wydań biblioteka z przeszło pięćdziesięcioma tysiącami ksiąg i galeria licząca około czterysta pięćdziesiąt obrazów. Ze względu na szybkość natarcia Armii Czerwonej rodzina zabrała ze sobą jedynie ułamek tych zbiorów, niewielka ich część trafiła do muzeów, większość uległa rozproszeniu lub została zniszczona.

Słobity leżą 16 km od Pasłęka. Aby dotrzeć do pałacu, należy w centrum wsi skręcić w prawo w gruntową drogę idącą w kierunku stawu. Folwark położony jest za wsią, również po prawej stronie, prowadzi do niego boczna droga (ok. 1 km). Teren pałacu jest ogrodzony.

!

Solniki (Zollnick)

Ślady nieistniejącej wsi

Ciągnąca się przez bukową puszczę droga z Siemian do Januszewa prowadzi przez dużą polanę, gdzie nad niewielkim leśnym jeziorem, w cieniu starych drzew, stoi samotny dom. Gdyby nie tablica z mapką, trudno byłoby się domyślić, że kiedyś była tu gwarna wieś.

Pierwotnie osadnictwo w okolicznych lasach związane było głównie z funkcjonowaniem smolarni, jednak w XVII wieku w puszczach Prus Wschodnich zaczęły powstawać huty szkła. Budowano je w lasach, bo las zapewniał łatwy dostęp do potrzebnego opału, a z popiołu liściastych drzew wyrabiano potaż, z którego pozyskiwano konieczny do produkcji szkła potas. Podobną historię miała wieś Smolniki – powstała na bazie dawnej smolarni, ale swój rozkwit zawdzięczała dopiero Christianowi Kornowi, który około 1850 roku założył tu hutę szkła i ufundował szkołę. Solnicka huta specjalizowała się w produkcji zielonego szkła aptecznego, głównie na potrzeby Tylży, Królewca i Elbląga. Pod koniec XIX wieku Korn za pożyczone pieniądze kupił lasy w okolicach Nidzicy i popadł w problemy finansowe, jego majątek przejęli wierzyciele, którzy dawną hutę zaadoptowali na tartak, a następnie sprzedali. Tartak doprowadzono jednak do bankructwa, co przypieczętowało los wsi. Z czasem w Solnikach zostały już tylko trzy budynki, majątek trafił w ręce dziedzica pobliskiego Januszewa, który zalesił teren. W końcu w latach 20. las upaństwowiono, a w jednym z ocalałych budynków zorganizowano schronisko młodzieżowe, z którego korzystali uczniowie iławskich szkół. W 1945 roku ostatnie zabudowania Solnik spłonęły, z ocalałego budulca zbudowano stojący tu do dziś dom dla robotników leśnych (przez przeszło pięćdziesiąt lat miał w nim swoją letnią siedzibę znany grafik Julian Pałka).

Dziś w Solnikach zachowała się lipowa aleja łącząca kiedyś dwór ze wsią, fragmenty cegieł i coraz trudniejsze do odnalezienia fundamenty oraz pozostałości cmentarza z postawionym kilka lat temu pamiątkowym kamieniem.

Wieś Solniki leży między Siemianami a Januszewem, 20 km od Iławy. Układ dawnej wsi prezentuje tablica stojąca przy drodze koło domu robotników leśnych. W pobliżu Solnik jest jezioro Czerwica, gdzie w latach 50. utworzono rezerwat kormoranów.

Stare Dolno (Alt Dollstädt)

Dwór

W Starym Dolnie zobaczyć można dwukondygnacyjny dwór z wieżą, nawiązujący stylem do włoskich willi. Obecnie jest to wielorodzinny budynek zamieszkany przez różnych lokatorów, nie grozi mu raczej zawalenie, a w środku zachowała się nawet zabytkowa klatka schodowa, ale zarówno dom, jak i jego otoczenie są bardzo zaniedbane. Dwór zbudowano pod koniec XIX wieku dla przemysłowca z Berlina, który w Starym Dolnie zapragnął mieć letnią siedzibę. Pieniądze na budowę pochodziły ponoć ze sprzedaży piasku do naprawy przeciwpowodziowych wałów na Żuławach. Pałacyk był kilkakrotnie przebudowywany (na początku lat 20. XX wieku dobudowano oranżerię), a wnętrza różnie aranżowano. Po II wojnie dawny majątek przejął miejscowy PGR, który wykorzystał budynek na mieszkania i przedszkole.

Z jednej strony dworu ciągnie się mocno zarośnięty park, a z drugiej stoi ruina młyna (zachowane przepusty i pozostałości dawnych

urządzeń). Prawdopodobnie powstał on na miejscu wcześniejszego – wzniesionego jeszcze za Krzyżaków. Chłonąc lekko depresyjny klimat Starego Dolna, trudno dziś uwierzyć, że w tamtych czasach wieś leżała na brzegu jeziora Drużno i był w niej mały port oraz otoczona murami faktoria. Podobnie jak trudno uwierzyć, że przed 1945 rokiem znajdował się tu ważny dla przerzutu wojsk węzeł kolejowy, którego jedynym śladem są dziś niszczejące w polu resztki wiaduktu.

Stare Dolno leży 21 km od Dzierzgonia. Dwór znajduje się po prawej stronie drogi, przed skrzyżowaniem i mostem.

Stębark (Tannenberg)

Cmentarz rodowy

Stębark, czyli Tannenberg kojarzy się przede wszystkim ze zwycięstwem Jagiełły nad Krzyżakami, nazywanym przez Niemców pierwszą bitwą tannenberską, oraz z klęską wojsk Samsonowa (w rzeczywistości miała ona miejsce daleko od Stębarka). Tu znajduje się Muzeum Bitwy pod Grunwaldem, stąd ruszają co roku złożone z archeologów i poszukiwaczy ekipy, próbujące określić, gdzie dokładnie doszło do najsłynniejszej w średniowiecznej historii Polski konfrontacji (badany jest przede wszystkim trójkąt: Stębark, Łodwigowo, Ulnowo, ale ostatnio dominuje teoria, że zamiast walnej bitwy było raczej wiele drobnych potyczek).

W cieniu wielkich bitew, na końcu wsi stoi opustoszały dworek. Wzniesiony został na początku XX wieku przez rodzinę Pagel, która w 1909 roku przejęła majątek od spadkobierców Rudolfa von Brandta, starosty prowincji Prusy Wschodnie. Budynek jest nieduży, zaniedbany i niezbyt urodziwy. Warto za to zwrócić uwagę na położony obok dworu park. Przez jego środek prowadzi wąska aleja, biegnąca w kierunku niewielkiego, ale stromego wzgórza. Na zboczu owego wzgórza znajduje się cmentarz rodowy rodziny Pagel. Trudno określić, ile było tu kiedyś grobów. Do dziś zachowała się szeroka, wkomponowana w zbocze płyta z nazwiskiem właścicieli majątku, od której idzie mur otaczający rozległy podest, na podest zaś prowadzą porośnięte mchem schody. W zestawieniu ze skromnym dworkiem nekropolia zaskakuje swoim rozmachem.

Stębark leży 14 km od Olsztynka. Dwór i cmentarz rodowy znajdują się na końcu wsi, z lewej strony drogi do Frygnowa.

Sudwa (Sauden)

Tannenbergdenkmal

W1924 roku ogłoszono konkurs na projekt pomnika ku czci niemieckiego zwycięstwa nad armią Samsonowa. Wygrali go młodzi berlińscy architekci – bracia Walter i Johanes Krügerowie. W latach 1924 – 1927 przystąpiono do realizacji ich wizji i na otoczonym rozległymi polami sztucznym wzgórzu wyrosła monumentalna budowla przypominająca megalityczny kamienny krąg. Założenie powstało na planie ośmiokąta stworzonego przez osiem surowych w formie wież (wysokość 23 m), połączonych podwójnym murem z arkadami. Każda z wież miała inne przeznaczenie i funkcję: 1. wejściowa, 2. nieukończona aranżacja, 3. historia Prus Wschodnich, 4. kopie sztandarów z 1914 roku, 5. krypta Hindenburga (od 1935 roku), 6. „wieża żołnierska" (mozaika prezentująca miejsca bitew 1914 roku oraz fryzy ilustrujące losy żołnierza), 7. kaplica, 8. „wieża dowódców" (popiersia generałów). W środku założenia umieszczono ogromny dziedziniec (średnica 100 m), którego centrum stanowił krzyż oraz mogiła nieznanych żołnierzy z bitwy pod Tannenbergiem. Groby niemieckich i rosyjskich żołnierzy znajdowały się także wokół pomnika, co miało przypominać pole bitwy. Wytyczono wreszcie szeroką aleję i zadrzewiono teren (posadzono około 1500 dużych dębów). Zależnie od gustu i poglądów budowla przerażała, zniesmaczała lub zachwycała, na pewno jednak nie pozostawała nikomu obojętna.

W 1934 roku w wieży nr 5 pochowano Hindenburga (wbrew jego woli, bo chciał spocząć w rodzinnym Ogrodzieńcu), a w latach 1934 – 1935 Albert Speer na zlecenie Hitlera przebudował obiekt na mauzoleum, którego najważniejszym punktem stała się nowo zaprojektowana krypta Hindenburga (szacuje się, że miała około 250 m² powierzchni i 5 m wysokości). Dziedziniec został obniżony o 2,5 metra i wyłożony granitowymi płytami, przez co powstał plac defilad z trybunami. Z jego centrum usunięto krzyż, a urny z prochami żołnierzy umieszczono obok krypty. Żeby nadać budowli większą rangę, przemianowano ją z Tannenberskiego Pomnika Narodowego na Pomnik Chwały Rzeszy.

Pomnik stał się celem pielgrzymek, rozwinął się wokół niego cały turystyczny biznes. Wzniesiono specjalny gmach do prezentacji świetlnej mapy, w dynamiczny sposób pokazującej przebieg tannenberskiej bitwy, wyprodukowano foldery, pocztówki i pamiątkowe suweniry, zbudowano nowoczesny dworzec, amfiteatr, boisko, gospodę i obiekty noclegowe (w tym dom wycieczkowy ze 160 miejscami).

W styczniu 1945 roku z mauzoleum wywieziono część wyposażenia oraz trumny z ciałami Hindenburga i jego żony, jednocześnie stacjonujący

w Sudwie żołnierze otrzymali rozkaz obrony pomnika lub
jego zniszczenia. Dzień później
do Berlina przekazano informację, że z pomnika zostały
jedynie gruzy. W rzeczywistości jednak zabrakło materiałów wybuchowych i wysadzone
zostały tylko dwie wieże, co
widać na filmie nakręconym
przez Rosjan, którzy również
nie zburzyli budowli. Częściowo tylko zniszczony obiekt był
początkowo pilnowany, stopniowo jednak ochronę zdjęto,
a rozbiórką w celu pozyskiwa-
nia przydatnych elementów
zajęli się okoliczni mieszkańcy.
Zorganizowana rozbiórka miała
miejsce dopiero w latach 50.,

kiedy pojawił się pomysł wtórnego wykorzystania materiałów. Ostatnie
fragmenty murów przetrwały jednak jeszcze trzy dekady i zostały wy-
burzone dopiero w latach 80. w związku z (niezrealizowanymi) planami
budowy obwodnicy Olsztynka.

Dziś elementy pomnika można znaleźć m.in. przy pomniku Wdzięcz-
ności Armii Radzieckiej w Olsztynie oraz w kamiennych schodach przed
gmachem Komitetu Centralnego Partii w Warszawie. Na miejscu dawnego monumentalnego założenia została porośnięta kwiatami łąka, której
środek tworzy płytka niecka z ledwo widocznymi śladami wału (kształt
budowli jest dobrze widoczny na lidarze) i rozrzuconymi na terenie
resztkami cegieł. Poniżej ponoć nadal istnieją zawalone, zasypane i (być
może zaminowane) pomieszczenia, a dookoła rozciągają się zdziczałe
pozostałości dawnego parku. Najcenniejszym zachowanym elementem
dawnego pomnika jest kamienny lew, który stał kiedyś na ośmiometro-
wym cokole przy alei prowadzącej do mauzoleum. W latach 50. wywieziono go do Centrum Szkolenia Wojsk Ochrony Pogranicza w Kętrzynie,
w roku 1993 powrócił jednak w dawne strony i stanął (na nieco niższym
tym razem postumencie) przed ratuszem w Olsztynku. Pozostałością
pomnika jest też w pewnym sensie zlokalizowany w Sudwie wojenny
cmentarz z grobami jeńców pomordowanych w obozie Stalag IB Ho-

henstein. Przetrzymywanych w stalagu jeńców przywieziono bowiem w 1939 roku pod Olsztynek, ponieważ w okolicy mauzoleum stały gotowe baraki zbudowane jako miasteczko zlotowe, w ramach przygotowań do 25. rocznicy bitwy.

Sudwa leży na przedmieściach Olsztynka. Aby dojechać do pozostałości pomnika, należy po zjeździe z trasy S7 nie kierować się w stronę Olsztynka, ale wjechać w drogę biegnącą przez park (jest na wprost zjazdu z S7). Polana znajduje się ok. 500 m dalej, z prawej strony drogi, stoi tam informacyjna tablica (polana jest tak zarośnięta, że nie udało nam się znaleźć wystającego ponoć nadal z ziemi fragmentu jednej z arkad, natomiast w samym parku zauważyliśmy pozostałości jakichś murków). Cmentarz jeńców wojennych jest w Kolonii Sudwa. Aby do niego dotrzeć, należy wrócić się do krawędzi parku i wybrać drogę przechodzącą wiaduktem nad S51 (cmentarz będzie po prawej stronie drogi po ok. 1 km). Tannenberski lew stoi przed ratuszem w Olsztynku.

Surbajny (Sorbehnen)

„Wyremontowany" dom podcieniowy i ruiny dworu

Do Surbajn warto pojechać, aby na własne oczy zobaczyć, jak można zmasakrować jeden z ostatnich zachowanych na terenach Prus Górnych domów podcieniowych. Wioska jest niewielka. W latach 30. XX wieku mieszkało tu blisko 400 osób. Dziś zostało tylko kilka zabudowań, do których prowadzi niezbyt wygodna, ale urokliwa gruntowa droga. Podobno po wojnie rolnicy opuszczali miejscowość w obawie, że ich gospodarstwa zostaną wcielone do uruchomionego w sąsiednim Międzychodzie PGR-u. Surbajny i Międzychód stanowiły kiedyś jeden majątek, który w 1841 roku kupił Julius von Ankum, i pozostały w rękach tej rodziny do 1945 roku, kiedy Prusy Wschodnie opuściła ostatnia dziedziczka, Elisabeth von Ankum. Największą perełką majątku był dwór w Międzychodzie. Opisywany jest jako unikalna barokowa rezydencja wiejska – składająca się z trzech parterowych budynków z naczółkowym dachem, tworzących wewnętrzny podwórzec. Ciekawostką dworu był gabinet z niezwykłym sufitem zainstalowanym przez Hermana von Ankum, na którym można było oglądać niebo z wszystkimi widocznymi o danej porze roku gwiazdami.

Budynek już nie istnieje, bo w 1945 roku został spalony przez Rosjan. Za to przy drodze z Surbajn na Zatyki, nad niewielkim stawem stoją w cieniu drzew ruiny niewielkiego dworku, który prawdopodobnie jest pozostałością po należącym do rodziny Ankum folwarku.

Surbajny leżą 8 km od Zalewa. Jadąc od strony Międzychodu, musimy we wsi skręcić: do domu podcieniowego w prawo (droga na Janiki Małe), do ruin dworu w lewo (droga na Zatyki).

Susz (Rosenberg)

Synagoga

Informacje o pierwszych żydowskich rodzinach mieszkających w Suszu dotyczą XVIII wieku, jednak gmina rozwinęła się dopiero po 1812 roku, kiedy uchwalony został edykt zezwalający Żydom na stałe osadnictwo w Prusach. Dodatkowym motywem napływu Żydów do Susza było zapewne również jego podniesienie do rangi miasta powiatowego i związany z tym rozwój gospodarczy, który stwarzał większe perspektywy. Największą liczebność osiągnęła gmina w roku 1861 (181 osób), później liczba ludności żydowskiej zaczęła spadać – aż do poziomu około 50 osób w latach 20. i na początku lat 30. XX wieku. Choć później, o dziwo, nieco wzrosła, bo w 1937 roku w Suszu mieszkało 72 Żydów.

Ziemię na cmentarz kupił Josef Elias Hirch już w 1803 roku (przy drodze do Michałowa, pomiędzy Rożnowem a bagnami Tannenbruche). Ale kirkut zaczął tam funkcjonować dopiero w 1853 roku. Nie zachowały się po nim żadne ślady, na jego miejscu są obecnie domy mieszkalne (Osiedle Leśne).

Początkowo wierni korzystali z domu modlitwy (nie wiadomo dokładnie, kiedy powstał, miało to miejsce w okresie między 1812 a 1821 rokiem), ale w 1862 roku pojawiły się plany budowy synagogi, którą

wzniesiono po kolejnych sześciu latach. Podczas nocy kryształowej wnętrze świątyni zostało splądrowane i zdewastowane, natomiast samego budynku, w przeciwieństwie do większości tego typu gmachów na terenie Prus Wschodnich, nie podpalono.

Po wojnie pomieszczenia w dawnej bożnicy przejął na swoją działalność Suski Ośrodek Kultury (początkowo była to tylko pomocnicza placówka DK, w której umieszczono dwie pracownie: modelarską i fotograficzną, po pożarze głównego gmachu domu kultury do synagogi przeniesiono większość realizowanych projektów). W roku 2001 zabytkowy budynek przekazano gminie żydowskiej w Gdańsku, która, niestety, z niego nie korzysta. Niektóre źródła podają informację, że od 2008 roku dawna bożnica wynajmowana jest przedstawicielom Kościoła Zielonoświątkowego. Ale budynek od lat nie wygląda na użytkowany, o czym świadczyć mogą zamknięte na kłódkę solidne kraty i wybite szyby. Stan techniczny murów wydaje się być dobry, o stanie wnętrza trudno coś powiedzieć.

Susz leży 22 km od Iławy. Synagoga stoi przy ulicy Wąskiej. Niedaleko od niej, w parku znajduje się też dobrze zachowane średniowieczne grodzisko, a między starówką i parkiem pozostałości dawnych murów miejskich.

Szyldak (Schildeck)

Dwór

Tuż obok drogi krajo-
wej nr 7 rośnie nie-
co zdziczały park. Od
późnej jesieni do wczesnej
wiosny można między po-
zbawionymi liści gałęziami
drzew wypatrzyć czerwone
ściany budynku przypomi-
nającego nieco francuskie pałace. To eklektyczny dwór rodziny Hardtów.
Wzniesiono go około 1910 roku, wkomponowując w nowy projekt stojącą
tu wcześniej XVIII-wieczną budowlę. Dwór ma bardzo zróżnicowaną bryłę
i jest bogato dekorowany. Z czerwonymi płaszczyznami ceglanych ścian
kontrastują boniowane naroża i jasne obramowania okien. Nad całością
wznosi się mansardowy dach z lukarnami i dwie wieżyczki – różnej wiel-
kości i w odmiennym kształcie. Ciekawym dodatkiem są też drewniane
werandy, szczególnie zaś umieszczona w narożniku okrągła konstrukcja
zdobiona ażurowymi listwami. Ta ostania jest niestety bardzo zniszczona
i zaczyna się walić. Ogólnie jednak obiekt znajduje się w dość dobrym
stanie, ale stoi pusty, co nie wróży dobrze na przyszłość. Po wojnie w majątku działała Stacja Hodowli Roślin, obecnie jest w rękach prywatnych.
Obok dworu zachowały się dawne zabudowania folwarczne, które są nadal
użytkowane (kilka lat temu działała ponoć jeszcze miejscowa gorzelnia).
W XIX-wiecznym parku krajobrazowym znajduje się grób generała
Günthera von Niebelschütz – rozstrzelanego przez Rosjan męża ostat-
niej właścicielki majątku, Lisy von Hardt. W Szyldaku urodziła się też
Oda von Hardt – jedna z pierwszych kobiet studiujących na Akademii
Sztuki w Królewcu, żona impresjonistycznego malarza, Waldemara
Röslera. Około dwieście obrazów Röslera było przechowywanych w Szyldaku ze względu na uznanie jego sztuki przez nazistowskie władze za
„zdegenerowaną". Pod koniec wojny zostały zniszczone razem z wcze-
snymi pracami Ody.

Szyldak leży 13 km od Ostródy. Jadąc z Ostródy, mamy go z lewej strony drogi. Aby dojechać do dworu, należy skręcić w lewo obok kościoła (powstał w latach 90. z przebudowy byłej restauracji oraz lokalnego domu kultury), a następnie ponownie w lewo – wzdłuż parku.

Szymbark (Schönberg)

Ruiny zamku

Zamek w Szymbarku to potężne średniowieczne założenie, które uznane zostało za zabytek architektoniczny pierwszej kategorii. O dziwo, jest jednak stosunkowo mało znany, a do położonej nad leśnym jeziorem sennej popegeerowskiej wsi docierają tylko pojedynczy turyści. Wzniesiony został jako rezydencja dla prepozyta kapituły pomezańskiej utworzonej w 1285 roku z podziału biskupstwa. Nie jest do końca pewne, kiedy rozpoczęto budowę warowni. Główny badacz historii Szymbarka, Bernhard Schmid, szacuje, że były to lata 1378 – 1386. Taką wersję wydają się potwierdzać dostępne dokumen-

ty oraz istniejący jeszcze w latach 60. napis nad bramą, który jako jej budowniczego wskazuje Henryka ze Skarlina. Istnieją jednak teorie, że budowę rozpoczęto znacznie wcześniej – nawet w pierwszej dekadzie XIV wieku, a napis nad bramą jest jedynie pozostałością po budowie samego wjazdu. Po sekularyzacji Prus ostatni biskup pomezański oddał Szymbark księciu Albrechtowi Hochenzollernowi. Natomiast książę Albrecht przekazał w 1532 roku zamek wraz ze starostwem pierwszemu luterańskiemu biskupowi, Georgowi von Polentz, którego majątek odziedziczył syn, a następnie wnuk. W połowie XVII wieku zamek został sprzedany Jonasowi zu Eulenburg, a po jego śmierci przejęty przez zięcia, Johanna von Schlieben, którego syn sprzedał majątek ostatnim właścicielom Szymbarka – rodowi Finck von Finckenstein.

Warownię zbudowano na miejscu dawnego grodu, wykorzystując naturalne wzgórze, które zostało otoczone murami. Dzięki temu rozplanowaniu dziedziniec jest położony dziewięć metrów wyżej niż nasada murów. Nad założeniem wznosi się dziesięć wież. Część z nich ma inny kształt, a część ma oryginalną konstrukcję – na dole mają przekrój kwadratowy, ale w górnej części przechodzą w walec lub graniastosłup. Takie rozwiązanie było ponoć korzystne przy oblężeniu twierdzy. W głównej, 24-metrowej wieży zegarowej umieszczono kaplicę, pod którą znajduje się więzienny loch. Okrągła służyła pierwotnie jako gda-

nisko, czyli wychodek. Na dziedziniec wjeżdżało się kiedyś zwodzonym mostem, który w XIX wieku zastąpiono wspartym na arkadach mostem murowanym.

Zamek był wielokrotnie przebudowywany – gotycką twierdzę przekształcono na renesansową, potem nadano jej kształt barokowy, przerabiając warownię na magnacką rezydencję (dodano wtedy m.in. wewnętrzne pałacowe skrzydła, powiększono okna, zaprojektowano park i oranżerię), a wreszcie na początku XX wieku zdecydowano się na regotycyzację (z tego okresu pochodzi duża część neogotyckich zabudowań folwarcznych).

Pod koniec II wojny światowej zamek spłonął i pozostały z niego jedynie wypalone mury, które podobno w 1947 roku próbowano jeszcze wysadzić. W 1949 roku w dawnym majątku Finckensteinów utworzono PGR, ale pierwsze prace konserwatorskie na zamku przeprowadzono dopiero w latach 60. (odgruzowano teren, zabezpieczono część ścian oraz zadaszono budynek bramny i wieżę zegarową). W latach 80. opuszczoną warownię przejęła fundacja „Widzieć Muzyką" w celu przekształcenia jej na ośrodek kształcenia niewidomych dzieci. Z planowanej przebudowy nic jednak nie wyszło. Na wniosek Wojewódzkiego Konserwatora Zabytków zlecono badania obiektu i przygotowanie zaleceń. Ale zatwierdzony ostatecznie projekt odbudowy nie stosował się do wniosków konserwatorskich. Zarządzono rozbiórkę zabytkowych piwnicznych sklepień (miały zostać zastąpione płaskimi stropami i wyburzenie pozostałości gotyckiego skrzydła (planowano tam budowę basenu), jednocześnie zniknął budynek klasycystycznej oranżerii. W wyniku wniesionych do mi-

nisterstwa interwencji zarządzono wzmożenie nadzoru. Prawdopodobnie w związku z tym fundacja przerwała prace „remontowe". Dziś zamek jest w rękach prywatnych. We wsi można usłyszeć pogłoski o różnych projektach jego zagospodarowania, ale właściciele się zmieniają, a śladów poważniejszych remontów nie widać, co, patrząc na przykład z lat 90., nie jest chyba jednak najgorszą opcją.

Szymbark leży 9 km od Iławy. Zamek znajduje się nad jeziorem, od wiejskiego sklepu prowadzi do niego droga w prawo. O możliwość obejrzenia dziedzińca najlepiej pytać opiekuna zamku. Na skraju wsi, obok drogi do Ząbrowa znaleźć można cmentarz rodowy Finckensteinów, położony jest na porośniętym lasem wzgórzu nad leśnym jeziorkiem, za mostkiem należy odbić w biegnącą na prawo ścieżkę. Przy drodze do Ząbrowa znajduje się także ciekawy opuszczony młyn – widać go z prawej strony, kilkadziesiąt metrów za ostrym zakrętem, który mijamy, jadąc do Ząbrowa z centrum Szymbarka.

Śliwica (Nahmgeist)

Spichlerz

Jedyne pozostałości dawnego majątku Nahmgeist w dzisiejszej Śliwicy to zarośnięty park podworski i popadające w ruinę zabudowania folwarczne. Wśród nich zwraca uwagę malowniczy XVIII-wieczny spichlerz z sygnaturką. Budynek jest bardzo zniszczony, a sygnaturka może nie przetrwać długo, warto więc pospieszyć się z oglądaniem. W dobrym stanie są za to ponoć zabytkowe piwnice spichlerza, które mają łukowe sklepienia i były kiedyś połączone podziemnym przejściem ze spalonym w 1945 roku dworem.

Dwór zbudował w 1910 roku kapitan Martin Perbandt, który przejął zadłużone śliwickie dobra od swojej szwagierki w zamian za gwarancję renty i spłatę długów wynikających z niegospodarności jej męża (majątek stanowił posag). W Śliwicy spędził ostatnie lata życia dziadek kapitana, Karol/Carl von Perbandt, który ze względów politycznych na przeszło trzydzieści lat wyemigrował do Ameryki, gdzie zyskał sławę jako malarz specjalizujący się w romantycznych pejzażach i obrazach marynistycznych. Wiele jego prac zostało zniszczonych podczas trzęsienia ziemi, które w 1906 roku zrujnowało całe kwartały ulic w San Francisco.

Śliwica położona jest 9 km od Pasłęka. Zabytkowy spichlerz stoi przy głównej ulicy, z lewej strony drogi (w pewnym oddaleniu, ale jest widoczny). Dawny dworski park znajduje się obok.

Tarpno (Terpen)

Ruina dworu

W Tarpnie jeszcze całkiem niedawno stał mocno zniszczony, ale piękny XIX-wieczny dwór. Wzniesiono go na malowniczej skarpie nad brzegiem jeziora Niemoje, wykorzystując fragmenty wcześniejszej budowli, po której zostały zabytkowe piwnice. Dwór zbudowano na planie litery E, ale jego boczne skrzydła miały różne długości. Zdobiły go zwieńczone trójkątnymi szczytami ryzality, ciekawy układ okien na piętrze (nawiązanie do romańskich biforiów i triforiów) oraz schodzący w kierunku jeziora taras, który kiedyś łączył się z drewnianym pomostem. We wnętrzach można było podziwiać elementy dawnego wyposażenia, np. reprezentacyjne schody czy dwupiętrowy kaflowy piec z ozdobną koroną.

Ostatnimi właścicielami Tarpna była rodzina von Reichel, w której ręce majątek trafił w XIX wieku. Najsłynniejszym mieszkańcem dworu stał się jednak Ottfried von Finck Finckenstein – pisarz uważany za jednego z prekursorów zapoczątkowanego w latach 30. XX wieku literackiego kanonu powieści wschodniopruskiej. Urodzony w szymbarskim zamku pisarz przeprowadził się do Tarpna w 1934 roku. Właścicieli majątku zmusiły do wynajęcia części domu problemy finansowe, zaś młody hrabia pragnął oddalić się nieco od rodziny, która nie akceptowała jego decyzji o porzuceniu kariery w bankowości oraz małżeństwa z dwukrotną rozwódką, Evą Schubrig. Finckensteinowie wspominali ponoć czasy mieszkania w Tarpnie jako okres szczególny. Tu znaleźli spokojną przystań, tu powstały pierwsze powieści hrabiego.

II wojnę światową dwór przetrwał w dość dobrym stanie, urządzono więc w nim mieszkania, a jedno ze skrzydeł wykorzystano jako chlewnię. Przez lata nie prowadzono koniecznych remontów, stan budynku stale się pogarszał, w końcu w latach 90. majątek trafił w ręce Agencji Własności Rolnej i po kilku latach został sprzedany prywatnej osobie (część budynku należała ponoć do spadkobierców lokatorów). Dewastowany dwór zaczął popadać w coraz większą ruinę, ale nadal trwał, aż do 2015 roku, kiedy jego los ostatecznie przypieczętował pożar (w okolicy przeważa opinia, że było to celowe podpalenie). Dziś obejrzeć możemy jedynie zarastające chwastami ruiny.

Tarpno leży 7 km od Zalewa. Ruina dworu znajduje się na końcu wsi. Za dworem łąka i pozostałości parku zaprojektowanego przez Johanna Larassa, w którym być może nadal znajduje się cmentarz rodowy. Trudno powiedzieć w jakim jest stanie, bo właściciel ruiny przegania wszystkich gości, więc przeważnie możliwe są jedynie krótkie oględziny ruin dworu.

Tomaryny (Thomareinen)

Bunkry kolejowe w kształcie wież obronnych

W Tomarynach, przy wiadukcie nad Pasłęką możemy zobaczyć wieże obronne analogiczne do tych w Samborowie (patrz strona 103). Tutejsze blokhausy są jednak znacznie wyższe, bo mają aż cztery kondygnacje. Znajdują się przy tym w o wiele lepszym stanie i można je obejrzeć również wewnątrz. Budowle powstały prawdopodobnie w latach 1901 – 1902 i nie były zniszczone podczas I wojny światowej, a w II wojnie światowej nie odegrały istotnej roli (nadzorowano je tylko nocą). Prze lata złomiarze zdemontowali większość metalowych elementów (drzwi, zasuwy otworów strzelniczych, barierki, żeliwne toalety), ale generalnie ściany są w dość dobrym stanie, ocalała przechodząca pod torami poterna, a wewnątrz zachowały się ułatwiające orientację niemieckie napisy z nazwami miejscowości.

Największą stratą są zdemontowane pancerne kopuły na armatę szybkostrzelną (tzw. wieżyczki Grusona), które były pierwotnie umieszczone na stropie budowli. W 1997 roku wywiózł je do muzeum w Dreźnie pewien kolekcjoner militariów (ta sama osoba zabrała wieżyczki w Samborowie, które podobno nadal są w jej posiadaniu). Demontaż odbył się za zgodą Wojewódzkiego Konserwatora Zabytków, nie wydano jednak zezwolenia na ich wywóz za granicę. W przeprowadzonym kilkanaście lat temu wywiadzie kolekcjoner ów stwierdził, że zrobił dobrze, bo wieżyczki zostałyby pocięte przez złomiarzy, a przekazał je do Niemiec, ponieważ drezdeńskie muzeum nie raz służyło mu pomocą, współpraca zaś polega na wymianie, przy czym osadzone przez niego makiety „wyglądają lepiej niż oryginały".

Dziś zarówno w Tomarynach, jak i w Samborowie na miejscu zde-
montowanych kopuł stoją betonowe atrapy (choć podobno w Tomarynach były pierwotnie makiety metalowe). Cała sprawa jest niejasna i stawia pod dużym znakiem zapytania działania ówczesnych władz PKP, w gestii których był zabytkowy obiekt, oraz kompetencje osoby piastującej w tym okresie urząd konserwatora. Obecnie zabytkiem opiekuje się stowarzyszenie „Łączą nas wieże".

Tomaryny leżą w połowie drogi między Ostródą i Olsztynem (21 km od każdego z tych miast). Od przejazdu kolejowego do wież prowadzi gruntowa droga z prawej strony torów.

Topolno Wielkie (Groß Tippeln)

Dwór

D wór w Topolnie Wielkim wzniesiono w XVIII wieku, ale w XIX wieku został on gruntownie przebudowany. Był typowym przykładem popularnej w Prusach Wschodnich architektury dworskiej typu Altbau Neudeck, której nazwa pochodziła od pierwotnej wersji rezydencji marszałka Hindenburga w Ogrodzieńcu (budowle z trójosiowym układem okien i umieszczonym w środku fasady ryzalitem oraz mansardowym dachem, w którym są okna drugiej kondygnacji).

Dziś w Topolnie możemy obejrzeć tylko wypalone ściany dawnego pałacu. Po wojnie stacjonowały tu przez dłuższy czas wojska radzieckie. Potem budynek przejął na biura i mieszkania miejscowy PGR, a po nim AWRSP. W latach 90. pałac trafił w ręce gminy i został sprzedany osobie prywatnej. Niestety, nowy właściciel spowodował szybki upadek zachowanego w całkiem dobrym stanie majątku – zabudowania folwarczne rozebrano, a pałac spłonął, przy czym w roku 1995 do pożaru doszło dwukrotnie, co dało asumpt do różnych spekulacji na temat celowego podpalenia.

Topolno Wielkie leży 13 km od Pasłęka. Ruiny Pałacu znajdują się przy wjeździe do wsi, z lewej strony drogi.

!

Trupel (Traupel/Traubel)

Cmentarz rodowy z ruiną kaplicy

stnieje legenda, że nazwa jeziora i wsi pochodzi od słów „Trup Eli!". Zgodnie z legendą krzyknęli tak mieszkańcy wsi, wyławiając zwłoki córki założyciela Kisielic, Dytryka von Stangen, która utonęła, spadając wraz z powozem ze skarpy do jeziora. Wersja z legendy jest mało prawdopodobna, gdyż wieś powstała na miejscu istniejącej tu wcześniej pruskiej osady Trupil. Motyw śmierci wydaje się jednak Trupilowi towarzyszyć, bo najciekawszym śladem przeszłości jest tutaj stary cmentarz założony przez braci Albersów, którzy w 1837 roku nabyli miejscowy majątek od wnuczki Hindenburga.

Albersowie zmodernizowali folwark i uruchomili hodowlę owiec merynosów, które specjalnie sprowadzili z Meklemburgii. Wybudowali także elegancki dwór i założyli park, a w nim cmentarz rodowy w kształcie liścia lipy (zarys tworzą aleje). Główny punkt cmentarza stanowi piękna neogotycka kaplica usytuowana na szczycie wzniesienia, które jest ponoć pozostałością po dawnym grodzisku. Dziś obsadzane lipami i dębami aleje są już mocno zatarte, ale od starej bramy ciągle jeszcze prowadzi ścieżka do coraz bardziej niszczejącej kaplicy.

Trupel leży 16 km od Iławy. Cmentarz znajduje się na rozstaju dróg prowadzących do wsi Gulb i Szwarcenowo.

Tymawa (Thymau)

Pałac

W Tymawie warto obejrzeć opuszczony pałac wzniesiony w 1891 roku dla rodziny Wernitz. Budynek jest dwukondygnacyjny, z naczółkowym dachem. Jego fasadę zdobi zwieńczony trójkątnym szczytem ryzalit oraz zdobiony półkolumnami ganek, gdzie znajduje się główne wejście. Przy ścianach bocznych umieszczono spore wykusze. Pałac jest we względnie dobrym stanie, choć zdecydowanie wymaga generalnego remontu, na jego tyłach widać ślady jakiejś przebudowy. Budynek jest zamknięty, ale przez okna na parterze można dostrzec dobrze zachowany kominek.

Pałac w Tymawie należy do spółki specjalizującej się w przystosowywaniu zabytkowych obiektów do celów hotelarskich i już blisko dziesięć lat temu przygotowywane były projekty jego adaptacji, na razie nie widać jednak, żeby plany te realizowano, choć zabezpieczono papą dach i chyba w kilku miejscach wzmocniono ściany. W znacznie gorszym stanie znajdują się stojące obok pałacu zabudowania gospodarcze, które w dużej części są już ruiną.

Na przełomie XVIII i XIX wieku majątek był w rękach rodu von Brandtów, później stanowił własność rodziny Wernitz. W parku zachowały się pozostałości ich rodowego cmentarza. Sam park powstał według projektu Johana Larassa i rozciągał się kiedyś aż do jeziora. Obecnie jest okrojony i mocno zdziczały, ale pałac ma nadal ładne położenie – stoi

w otoczeniu drzew, w pewnym oddaleniu od wsi, do której prowadzi stara aleja.

Tymawa leży 13 km od Olsztynka. Pałac znajduje się na końcu wsi. Można do niego dojść aleją, która odchodzi od drogi za wsią, na zakręcie w kierunku leśniczówki (aleja ta stanowi jakby przedłużenie głównej drogi). Teren ogrodzono, ale niezbyt dokładnie. Budynek jest zamknięty. Mniej więcej 1 km od Tymawy, na cyplu jeziora można obejrzeć ślady średniowiecznego grodziska.

Warkały (Workallen)

Dwór

Posadowiony nad brzegiem rzeki Miłakówki dworek w Warkałach zbudowano na początku XX wieku. Główną ozdobą stylizowanego na zameczek budynku są dwie zwieńczone dekoracyjnymi blankami wieże, w narożnikach których umieszczono sterczyny. Pomię-

dzy wieżami znajduje się wejście do dworu, gdzie prowadzą strome schody, bo parter osadzono na wysokim, licowanym kamieniem podpiwniczeniu. Kilkanaście lat temu popegeerowski zabytek kupiła osoba prywatna, a przeprowadzone tam remonty wzbudziły kontrowersje, bo w dachu budynku umieszczono połaciowe okna, a zachowane ponoć wcześniej dekoracje wnętrza zostały usunięte. Dzisiejszy stan jest jednak zdecydowanie gorszy, jedna z dekoracyjnych sterczyn runęła z wieży, dziurawiąc świeżo wyremontowany dach, budynek jest niezabezpieczony i niezamknięty, a wykarczowany teren wokół dworu zarósł chaszczami.

W latach 30. XX wieku Warkały kupił Hinrich Pferdmenges – przemysłowiec z Północnej Nadrenii-Westalii, który w 1935 roku uruchomił w osadzie przy wsi (Henrykowo) fabrykę włókienniczą Hinrichssegen oraz wzorcowe robotnicze osiedle. Zakład zatrudniał około 800 osób i był przed wojną największym pracodawcą w powiecie. Jak wynika z relacji Pferdmengesa, który swoje doświadczenia opisał po wojnie w książce na temat wkładu przemysłu w walkę z problemami socjalnymi, istotnym motywem uruchomienia fabryki była walka z bezrobociem.

Zabudowania fabryki zostały w 1945 roku zniszczone, w Henrykowie stoją jednak nadal domy pracowników. A idea prospołecznej fabryki nie umarła razem z wojennymi zniszczeniami, ale była kontynuowana po wojnie w Bawarii, w 1949 roku uruchomiono tam zakłady tekstylne z podobnym robotniczym osiedlem, które na cześć Hinricha Pferdmengesa otrzymały nazwę Hinrichssegen II.

Warkały leżą 3 km od Miłakowa. Dwór stoi na wschodnim krańcu wsi, po lewej stronie drogi. Jadąc z Miłakowa lub Morąga, chwilę wcześniej, po prawej stronie drogi mijamy zjazd na Henrykowo.

Wenecja (Wenedien)

Dwór z kuźnią zaadaptowaną na kaplicę

Nazwa miejscowości pochodzi prawdopodobnie od Thomasa Venedyera, który był pierwszym właścicielem majątku (pozostał w rękach tej rodziny do XVIII wieku). Istnieje jednak również druga teoria, zakładająca, że wieś nazwano Wenecją, bo tereny te były w XIV wieku otoczone jeziorami, które przez dużą część roku zalewały okolicę tak, że można było przemieszczać się jedynie łodziami. Zwolennicy drugiej teorii wskazują na fakt odkrycia w pobliżu śladów nietypowego budownictwa na palach.

W Wenecji obejrzeć można dwór, którego nieregularna bryła rozrastała się w różnych okresach, tworząc oryginalną mieszankę, przez jednych uważaną za koszmarną, przez innych za pełną uroku. Fundamenty budynku pochodzą z XIV wieku, a kolejne fragmenty z XVII, XVIII i XIX wieku. Za pałacem rozciąga się krajobrazowy park, naprzeciw zaś stoi barokowa kuźnia z 1756 roku, którą zaadaptowano na kaplicę.

Po wojnie w majątku utworzono PGR, teraz stanowi on własność prywatną. Jedno ze skrzydeł pałacu wygląda na zamieszkałe, drugie stoi puste i jest mocno zniszczone, co częściowo może mieć związek z faktem, że drzwi do budynku są otwarte. Niewątpliwie pozytywny jest fakt, że zabezpieczono dach, a w środku widać ślady prac porządkowych (przygotowań do remontu?).

Wenecja leży 10 km od Morąga, pałac i kuźnia znajdują się w centrum wsi.

Wysoka (Hohendorf)

Pozostałości dawnej rezydencji

W ieś Wysoka związana była z sektą gichtelianów, których sprowadził do majątku jego właściciel, Emilius von Dönhoff. Sektę tę założył w XVII wieku mistyk Johan Georg von Gichtel. Sekta zalecała koncentrację na życiu duchowym oraz seksualną wstrzemięźliwość i potępiała małżeństwo, więc jej członków nazywano bezżeńcami.

Syn Emiliusa Dönhoffa, zgodnie z zaleceniami gichtelianów, nie ożenił się, a cały majątek zapisał Aleksandrowi von Below, członkowi sekty, który był zaprzyjaźniony z Żelaznym Kanclerzem (Bismarck wielokrotnie bywał w Wysokiej). Dobra w Wysokiej pozostały w rękach gichtelianów aż do lat 30. XX wieku, kiedy to Hitler rozwiązał wszystkie sekty. Majątek i pałac trafiły wówczas do Fundacji Ericha Kocha, stając się później jednym z magazynów przywożonych ze wschodu łupów wojennych.

W 1945 roku pałac został wysadzony w powietrze, przy czym nie jest jasne, kto był sprawcą, co stało się powodem licznych spekulacji na temat możliwości ukrycia w miejscowych podziemiach Bursztynowej Komnaty. Po wojnie w Wysokiej umieszczono PGR, którego majątek przejęła później AWRSP, dziś jest to własność prywatna. Na miejscu dawnego pałacu pozostał jedynie spory pagórek gruzu, pod którym widać częściowo zasypane piwnice. Zachowało się natomiast dawne założenie folwarczne, obejmujące m.in. kuźnię, obory, spichlerz i domy mieszkalne pracowników. Budynki te znajdują się w różnym stanie, ale stopniowo są remontowane.

Wysoka leży 15 km od Pasłęka. Zespół pałacowo-folwarczny jest z prawej strony drogi, na wschodnim krańcu wsi. Przy wjeździe stoją tablice z napisem: „Teren prywatny", ale właściciele pozwolili nam obejrzeć folwark. **!**

Zajączki (Hasenberg)

Kamienna misa w dawnym folwarku

W ieś Zajączki kojarzona jest najczęściej z cmentarzem, który stanowi najlepiej chyba zachowaną ewangelicką nekropolię Prus Wschodnich. Cmentarzyk jest położony w lesie, prowadzi do niego oryginalna kamienna brama, a w jego centrum stoi kaplica grobowa rodziny Kramerów – przed dewastacją uchronił ją ówczesny dyrektor PGR-u, zamykając budynek na przeszło pięćdziesiąt lat.

Mniej znane są znajdujące się w centrum wsi pozostałości dawnej rezydencji Kramerów. Po mieszczącym kiedyś sto pokoi pałacu został tylko gruz oraz zaśmiecony, zarośnięty park, zachowały się natomiast w niezłym stanie zabudowania folwarczne, w tym budynek gorzelni z 1879 roku. Dawny folwark kryje pewną ciekawostkę – tajemniczą granitową misę z dwoma rowkami, na dnie której (ponoć zawsze, niezależnie od pogody) zbiera się woda. Jest to tzw. płaczący kamień. Przed wojną stał na terenie dworskiego parku, a we wsi krążą opowieści, że misa była przez Kramerów wykorzystywana do obrzędów masońskich. Nie wiadomo, ile w tym prawdy, faktem jest jedynie, że mężczyźni z tej rodziny rzeczywiście należeli do ostródzkiej loży „W drodze na wschód". Legenda głosi, że zbierająca się na dnie misy woda to łzy grzesznych zakonnic, a kamień był chrzcielnicą stojącego kiedyś w Zajączkach żeńskiego klasztoru, który w wyniku klątwy zapadł się pod ziemię.

Zajączki leżą 13 km od Lubawy. Folwark znajduje się w centrum wsi, przy drodze na Wiśniewo – na zakręcie w zaniedbanych chaszczach kryją się gruzy pałacu. Kamienna misa stoi przed domem nr 4 (100 m od gorzelni, trzeba przejść przez folwark). Cmentarzyk jest z prawej strony drogi z Glaznot, tuż za dawnym wiaduktem kolejowym. Oprócz folwarku, cmentarzyka i pozostałości dawnej linii kolejowej w okolicy Zajączek można też obejrzeć i grodzisko Sasenpille położone nad rzeką Gizelą – dojście gruntową drogą przechodzącą pod wiaduktem (po drodze fundamenty starego młyna).

Zalewo (Saalfeld)

Remiza w szkole

W1945 roku zniknęło 70% zabudowy Zalewa, w konsekwencji tych zniszczeń Zalewo utraciło prawa miejskie, które odzyskało dopiero w latach 80. Dziś jednym z niewielu ocalałych przedwojennych budynków jest stojąca u podnóża kościelnej skarpy szkoła. Wzniesiono ją w 1928 roku według projektu Kurta Fricka, znanego wschodniopruskiego architekta. Jego największym dziełem był ratusz w Szczytnie, uważany za najwybitniejszą realizację w kanonie totalitarnej architektury regionu (Frick przygotował też projekt na konkurs Tannenbergdenkmal, gdzie zajął trzecie miejsce).

Podobnie jak inne dzieła Fricka, gmach zalewskiej szkoły jest monumentalny i surowy w formie, utrzymany w modernistycznej konwencji budynek ociepla jednak klinkier, którego użyto do wykończenia

ścian. Nowo otwarta szkoła była bardzo nowoczesna i bardzo przestron-
na, miała własne ujęcie wody oraz centralne ogrzewanie i mieściło się
w niej dwanaście klas, pokoje rektorskie tudzież nauczycielskie, sala
gimnastyczna, świetnie wyposażona kuchnia, pralnia, prasowalnia,
a nawet łazienka z wannami i prysznicami.

Budynek jest świetnie zachowany i nadal służy jako szkoła. W zapo-
mnienie popadła natomiast część skrzydła, w którym mieściła się kiedyś
remiza. Pomieszczenia dla straży pożarnej wybudowano przy szkole ze
względów oszczędnościowych, zostały one jednak zaprojektowane przez
tego samego architekta i stanowią obiekt unikalny. Poprzez połączenie
obydwu budynków powstało oryginalne założenie, które rozplanowa-
ne jest wokół wielkiego szkolnego dziedzińca. Zabudowania należące
do straży pożarnej składają się z dwóch części: krytego wysokim dachem, jednokondygnacyjnego budynku, w którym mieściły się garaże,
oraz czterokondygnacyjnej wieży strażackiej. Wieża służyła do suszenia
węży oraz jako wspinalnia, w jej środku zaś umieszczono małe muzeum
pożarnicze i treningowy labirynt. Ćwiczenia organizowano raz na dwa
tygodnie w niedzielę. Na łąkach za remizą odbywały się też rozgrywki
piłki wodnej. Celem drużyny było wepchnięcie piłki do bramki przy pomocy strumienia wody. Przy OSP działała również drużyna młodzieżowa.

Budynek jest w dobrym stanie, zachowały się nawet zabytkowe
drewniane drzwi do garaży (jedne są przebudowane). Ale te zabytkowe
drzwi są dziś zamknięte, a dawne pomieszczenia remizy służą jedynie
za rupieciarnię.

Zalewo leży 12 km od trasy S7 (zjazd na Małdyty), szkoła znajduje się w centrum, za kościołem, po lewej stronie ulicy 29. Stycznia, dawna remiza stoi bliżej ulicy Szkolnej.

Zalewo

Kirkut

Kirkut w Zalewie uznawany jest za jedną z najlepiej zachowanych żydowskich nekropolii Prus Wschodnich. Założony został w 1829 roku na ziemi kupionej przez kupca Paula Rosenbacha. Zajmuje wydłużoną działkę (0,1 ha) wciśniętą między rzekę a pobliskie gospodarstwo. Pierwotnie było tu ponad dwieście grobów, dziś odnaleźć można pozostałości około czterdziestu mogił. Tylko przy niektórych z nich zachowały się macewy, ale dwanaście jest w bardzo dobrym stanie. Na zachowanych macewach znajdują się inskrypcje hebrajskie lub dwujęzyczne, daty śmierci podane są według dwóch kalendarzy. Najstarszy nagrobek pochodzi z 1860 roku.

Ostatni pochówek odbył się tu w drugiej połowie lat 30. Pod koniec lat 30. cmentarz został zdewastowany przez hitlerowców. Po wojnie był zapomniany i zarastał, uporządkowano go dopiero w 2004 roku, kiedy w ramach projektu stowarzyszenia „Nasza więź" teren oczyszczono i ogrodzono.

Największą liczebność osiągnęła społeczność żydowska w Zalewie pod koniec XIX wieku – w 1880 roku liczyła 80 osób, na początku lat 30. mieszkało w Zalewie już tylko 50 – 60 Żydów. W latach 30. XVIII wieku Paul Rosenbach kupił razem z Salomonem Lasersteinem grunt przy ulicy Więziennej (dziś Kościelna), na którym ustawiono budynek spełniający funkcję domu modlitwy, w 1844 roku – po edykcie Wilhelma IV, nadającym zalewskim Żydom status gminy z prawem posiadania synagogi – został on zaadoptowany na synagogę. Wnętrze nie mogło raczej być duże, bo stało w nim jedynie pięć ławek dla mężczyzn (ławki kobiece umieszczono na emporze), oświetlały je wiszące na ścianach kinkiety oraz pięć mosiężnych świeczników. Przy wschodniej ścianie umieszczono arkę przymierza, nad którą znajdowały się pozłacane lwy przytrzymujące tablice Mojżesza, na samej górze był anioł. Synagoga spłonęła podczas nocy kryształowej w 1938 roku. Straż pożarna otrzymała zakaz gaszenia świątyni, mogła jedynie chronić sąsiednie zabudowania. Nazajutrz aresztowano rabina, a po kilku dniach dokładnie uprzątnięto gruzy synagogi, aby zatrzeć ślad jej istnienia.

Kirkut znajduje się w Zalewie na ulicy Sienkiewicza, przed mostkiem należy skręcić w prawo.

Dwory

Anglity (po lewej)

Komorowo
(po prawej)

Łąkorek
(poniżej)

Pałace

Gładysze (powyżej)

Jankowo
(po prawej i poniżej)

Kamieniec
(powyżej i po prawej)

Słobity (poniżej)

Pałace
zamki

Pałac w Szyldaku
(po prawej)

Pałac w Turzy Małej
(poniżej po prawej)

Zamek w Szymbarku
(powyżej i poniżej)

Domy i zabudowania gospodarcze

Gołębnik
w Gładyszach (po prawej)

Dom w Jelonkach
(po lewej)

Dom w Stalewie
(poniżej)

Młyny

Cibórz
(po lewej)

Jerzwałd
(po prawej)

Miłakowo (po lewej)

Wiatraki

Jabłonowo
(po lewej)

Łąkorz (po prawej)

Łęcze (poniżej)

Zabytki techniki

Manufaktura cesarskiej
majoliki w Kadynach
(po prawej i poniżej)

Przepompownia
w Różanach
(po prawej)

Pogranicze:
okolice Nidzicy i Działdowa
oraz Ziemia Lubawska

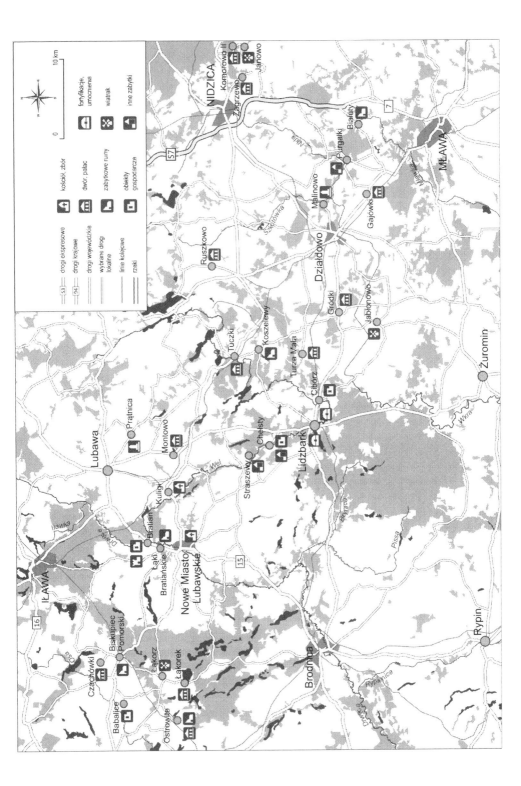

Babalice (Babulice, Babalitz)

Młyn

Przepływająca przez Babalice rzeka Osa stanowiła kiedyś granicę między ziemią chełmińską a Pomezanią. Ze względu na silny nurt Osę oraz Młynówkę (jej drugie koryto) wykorzystywano gospodarczo, lokalizując nad nią liczne młyny o różnym przeznaczeniu.

Młyn w Babalicach to jeden z niewielu, które przetrwały do dziś. Ukryty jest w malowniczym, głębokim wąwozie, do którego prowadzi biegnąca stromo w dół aleja. Młyn stoi opuszczony, ale znajduje się we względnie dobrym stanie (na tyłach bryłę szpecą zrujnowane przybudówki z okresu PRL), a w środku zachowały się ponoć niektóre pozostałości dawnego wyposażenia. Wzniesiony z czerwonej cegły budynek ma cztery kondygnacje. Początkowo istniał tutaj zarówno młyn mączny, jak i papierniczy, w związku z czym zamontowano dwa koła. Z czasem zrezygnowano z produkcji papieru, jednak miejscowi nadal zwyczajowo nazywają miejsce „papiernią".

W Babalicach znajdował się również dwór, którego właścicielami była polska ziemiańska rodzina Dąmbskich. Dwór przetrwał wojnę, ale był stopniowo rozbierany przez okolicznych mieszkańców na budulec. Na zdjęciach z końca lat 50. zobaczyć można jeszcze całkiem dobrze zachowaną bryłę, dziś pozostały po nim jedynie fundamenty i resztki parku.

Wieś położona jest w odległości około 4 km od Biskupca. Do młyna prowadzi idąca stromo w dół droga, która odchodzi z prawej strony drogi prowadzącej do Sumina.

Białuty (Bialutten)

Ruina kościoła

Białuty to wieś leżąca na styku województw warmińsko-mazurskiego i mazowieckiego. W XIV wieku okoliczne ziemie włączono do Zakonu Krzyżackiego, a wyznaczona wówczas granica dotrwała w niezmienionym kształcie aż do XX wieku. Jej bezpieczeństwa strzegł 25-kilometrowy Wał Graniczny, chroniący mieszkańców Mazowsza przed krzyżackimi atakami. Pozostałości wału można ponoć jeszcze zobaczyć (zachowane w różnym stopniu) na odcinku od Doliny Nidy do Grabowa.

W samych Białutach na uwagę zasługuje przede wszystkim malownicza ruina poewangelickiego kościoła z początku XX wieku. Na pierwszy rzut oka stan budynku wydaje się być dość dobry, poziom zniszczeń ocenić można dopiero po wejściu do środka. Mimo częściowo zerwanego dachu w zabytkowym wnętrzu zachowały się konstrukcje chóru i ambony oraz pozostałości ołtarza, z prawej strony nawy do dziś stoi kilka zapomnianych ławek.

Budowa świątyni sfinansowana została w dużej części z funduszu na rzecz budowy kościołów na obszarach zagrożonych, utworzonego w 1901 roku z okazji 200-lecia koronacji Fryderyka I. Grunt pod jej budowę stanowił dar właściciela majątku, Alfreda Oehlricha, którego grób znaleźć można na leśnym cmentarzu rodowym. Dwór Oehlirichów spłonął podczas I wojny światowej, podpalony przez rosyjski patrol. Po wojnie, na mocy traktatu wersalskiego, wieś włączono do Polski.

Niewiele osób wie, że w pobliskim Lesie Białuckim zamordowano kilkanaście tysięcy (niektóre szacunki mówią nawet o 20 tysiącach) więźniów obozu koncentracyjnego w Działdowie. W 1944 roku, w celu zatarcia śladów zbrodni, Niemcy kazali odkopać masowe groby i spalić

zwłoki. Miejsca zostały jednak zidentyfikowane i są dziś oznaczone sym-
bolicznymi mogiłami.

*Kościół stoi przy głównej ulicy, blisko południowo-zachodniego końca
wsi. Cmentarz rodowy znajduje się w niewielkim lesie, na wschodnich
obrzeżach Białut, przy samej granicy województw, Las Białucki leży
3 km na zachód od wsi.*

Biskupiec Pomorski (Bischofswerder)

Ruina kościoła

Biskupiec Pomorski był kiedyś miastem. Swoje powstanie i rozkwit zawdzięczał dogodnemu położeniu – koło przeprawy przez
Osę, a zarazem przy szlaku handlowym na granicy między Pomezanią a Ziemią Chełmińską. W XIX wieku rozwój Biskupca nabrał
przyspieszenia w związku z uruchomieniem zakładu przemysłowego
produkującego maszyny rolnicze oraz budową przebiegającej w odległości kilku kilometrów kolei Toruń-Iława. W trakcie II wojny światowej miejscowość została mocno zniszczona, czego konsekwencją była
utrata praw miejskich. Jednak zarówno układ ulic, jak i ocalała zabudowa nie mają w sobie nic
z charakteru wsi.

Najciekawszym zabyt-
kiem Biskupca jest stojąca
w centrum ruina kościoła.
Budynek zmieniał zarówno
swój wygląd, jak i przynależ-
ność. Kościół wybudowano
w XIV wieku jako świątynię
katolicką, jednak w XVI wieku (w związku z reformacją
i przejściem większości
mieszkańców na protestan-
tyzm) stał się przybytkiem
ewangelickim, aby w 1945
roku stracić funkcje sakral-
ne, a następnie w 1989 roku
wrócić ponownie do wy-

znania rzymskokatolickiego. Gotycka świątynia spłonęła w pożarze i odbudowana została w stylu barokowym, a następnie (po kolejnym pożarze) wyremontowana w stylu klasycystycznym. Kościół miał kiedyś bogate wyposażenie, ale niestety nic z niego nie pozostało. Po wojnie jego wnętrze służyło za magazyn, później przez lata budynek stał opuszczony – ulegając stopniowej dewastacji. Obecnie ruina jest ogrodzona i zamknięta dla zwiedzających (niezbyt dokładnie), w środku zauważyć można ślady po pracach remontowych mających na celu wzmocnienie dachu, nie zostało za to nic po widocznych na zdjęciach sprzed kilku lat drewnianych emporach.

Kościół stoi między ulicą Szkolną i Kościelną.

Bratian (Brattian)

Zamek i młyn

W XIII wieku w widłach Drwęcy i Welu powstała niewielka placówka krzyżacka, której strzegła straż dowodzona przez rycerza polskiego pochodzenia (według wielu przekazów miał to być Jan z Sandomierza). Ponieważ dowódcą strażnicy był brat Jan, okoliczna ludność zaczęła jego imieniem nazywać osadę, choć z czasem „Brat Jan" zamienił się w „Bratian".

Na miejscu nadrzecznej osady w pierwszej połowie XIV wieku Krzyżacy zbudowali zamek. Istnieje hipoteza, że był to zamek myśliwski, który podlegał bezpośrednio wielkiemu mistrzowi, jednocześnie jednak źródła mówią, że przeniesiono do niego siedzibę wójtów z Nowego Miasta Lubawskiego. Bratiańskie mury były świadkiem ważnych rozmów

– w 1343 roku doszło tu do spotkania wielkiego mistrza Ludolfa Königa von Wattzau z książętami mazowieckimi, Ziemowitem II i Bolesławem III, a w 1410 roku właśnie na Bratianie toczyła się ostatnia narada przed bitwą pod Grunwaldem.

W drugiej połowie XV wieku zamek przeszedł w ręce polskie i stał się siedzibą starostów, ale po pierwszym rozbiorze trafił do Prus i zaczął popadać w ruinę, a w końcu padł ofiarą rozbiórki.

Prowadzone w 2009 roku badania archeologiczne potwierdziły, że założenie prawdopodobnie składało się z czworobocznego zamku wysokiego z narożnymi wieżami oraz otoczonego murem i basztami zamku niskiego z zabudowaniami gospodarczymi. Na podziemne przejścia nie natrafiono (według legendy jedno z nich ma łączyć Bratian z Kurzętnikiem). Na miejscu dawnego podzamcza stoi dziś imponujący młyn zbudowany na początku XX wieku, który obecnie pełni rolę elektrowni. Za młynem można znaleźć resztki murów, pozostałości baszty znajdują się na położonej obok, malutkiej wyspie.

Bratian leży 4 km od Nowego Miasta Lubawskego. Młyn stoi nad Drwęcą – wjazd na jego teren znajduje się od strony ulicy Grunwaldzkiej.

Chełsty (Chelst)

Młyn i zabudowania folwarczne

Jadąc z Lidzbarka do Lubawy, można na chwilę odbić w lewo, aby zajrzeć do ukrytej w dolinie Welu/Weli (stosowane są obydwie formy odmiany) niewielkiej wsi Chełsty. W kronikach Jana Długosza pojawia się informacja, że w okolicy tej miejscowości, między jeziorami Trzcinno i Chełst, stacjonowały w 1410 roku ciągnące na bitwę wojska Jagieł-ły. Tutaj powieszono dwóch Litwinów, aby uciszyć protesty polskiego rycerstwa oburzonego zbezczeszczeniem kościołów w zdobytym dzień wcześniej Lidzbarku Welskim.

Na północ od wsi utworzono użytek ekologiczny Chełsty obejmujący dolinę Welu wolno płynącego przez rozległe torfowiska i mokradła, prawdopodobnie jest to dno jednego z jezior wspomnianych w kronice Długosza. Za użytkiem rzeka nagle zmienia charakter i zaczyna przypominać górski potok – w tym uroczysku utworzono w 2001 roku rezerwat „Piekiełko".

Położenie Chełst jest bardzo malownicze, za to mocno deprymuje stan zabytkowych zabudowań. Piętrowy, drewniany dwór (z dwukondygnacyjnym kolumnowym portykiem) nie istnieje, a po dawnym majątku rycerskim, który od XV do XVIII wieku należał do rodziny Chełstowskich, zostały dziś tylko niszczejące zabudowania folwarczne: XIX-wieczna gorzelnia i obory. Naprzeciw dawnego folwarku stoi – nieco lepiej zachowany – nieczynny stary młyn.

Chełsty położone są na zachód od drogi Lidzbark-Lubawa. Jadąc z Lidzbarka, skręcić należy w lewo. Młyn stoi w środku wsi, przy moście, po drugiej stronie rzeki są zabudowania folwarczne.

Cibórz (Ciborz)

Młyn

WCiborzu, przy wjeździe do wsi stoi granitowy kamień z napisem: „JM 1875". To pozostałość po majątku Mieczkowskich, który był w rękach tej rodziny od XVII wieku. Kamień wydobyto z brzegu rzeki, gdzie tkwił podobno przez kilkadziesiąt lat. Innym śladem obecności Mieczkowskich w Ciborzu jest młyn usadowiony na wyspie utworzonej przez stare i nowe koryto Welu. Porośnięty dzikim winem budynek szczególnie pięknie wygląda jesienią, kiedy ceglane ściany oplatają liście w najróżniejszych odcieniach.

Po I wojnie światowej spory fragment ciborskiego majątku zajęło za długi państwo. Na części przejętego terenu zbudowano w 1930 roku lotnisko, na którym zatrzymywały się samoloty kursujące na trasie Warszawa-Trójmiasto, aby zatankować. Podczas II wojny światowej Niemcy przekształcili lotnisko na wojskowe i zlokalizowali tam fabrykę amunicji. Obiekt zniszczyły wojska radzieckie i dziś nie ma po nim śladu.

Warto wiedzieć, że za Ciborzem do Welu dochodzi łączący go z Wkrą kanał Martwica. A jednocześnie rzeka zmienia nagle kierunek z południowego na północny. Liczne źródła podają, że przekop łączący obydwie rzeki wykonali Krzyżacy, aby za pośrednictwem Welu przekierować wodę z Wkry do Drwęcy, która była rzeką graniczną i stanowiła ważną drogę transportową.

Cibórz położony jest 3 km od Lidzbarka Welskiego. Aby dojechać do młyna, należy skręcić w prawo w pierwszą drogę za mostem. Przy drodze tej ustawiono wydobyty z brzegów rzeki głaz.

Czachówki (Schackenhof)

Pałac

Główną atrakcję należącego kiedyś do rodziny Ruchardt pałacu w Czachówkach stanowiła wieża widokowa, której górny poziom był podobno ruchomy i kręcił się wokół własnej osi. Ciekawostka ta powstała w roku 1900, kiedy wzniesiony w XIX wieku dwór przebudowano na pałac. Aby zwiększyć wielkość i urodę nowej rezydencji, do gmachu dawnego dworu dodano wówczas frontowy ryzalit i taras z werandą, a od północy dobudowano nową część mieszkalną, nad którą ustawiono wspomnianą wieżę wyposażoną w obrotową kopułę. Nie wiadomo, czy mechanizm nadal działa, bo wnętrze pałacu jest obecnie nieużytkowane i niedostępne.

Po wojnie w majątku utworzono PGR, a w samym pałacu umieszczono szkołę podstawową i przedszkole oraz mieszkania dla pracowników. Na początku lat 70. Ministerstwo Rolnictwa uruchomiło w pałacowych wnętrzach Szkołę Rolniczą, która działała tu do 2013 roku. Obecnie szkoła z Czachówek znajduje się w Kurzętniku, zabytkowy budynek trafił w ręce powiatu, który najwyraźniej próbuje nieruchomość sprzedać (w internecie znaleźć można całkiem świeże – maj 2017 roku – ogłoszenie przetargu na jego sprzedaż, nie wpłynęła żadna oferta).

Budynek wydaje się być w bardzo dobrym stanie, ale jest pusty, a na stojącej obok oborze (prawdopodobnie wchodziła w skład należących do dawnego majątku zabudowań gospodarczych) wymalowano duży napis informujący o zakazie wstępu.

Za pałacem, na łagodnie opadającym w kierunku Osy zboczu ciągnie się park krajobrazowy stworzony w XIX wieku. W parku znajdował się cmentarz rodowy, po którym pozostał pamiątkowy kamień nagrobny.

Odwiedzając Czachówki, warto też rzucić okiem na dawną rządcówkę oraz piętrowy budynek stylizowany na dworek.

Pałac stoi na końcu wsi (przed gospodarstwem rolnym), rządcówka i budynek stylizowany na dworek znajdują się przed nim, przy tej samej drodze.

Gajówki (Gajowken)

Dwór

Najpierw widać bloki – brzydkie, niewielkie klocki ustawione dookoła smutnego podwórza. Tuż za nimi zaskakuje upchnięty między blokowiskiem a szopami zabytkowy dwór. Budynek jest niewielki, ale harmonijny.

Majątek w Gajówkach powstał relatywnie późno, bo dopiero w drugiej połowie XIX wieku, kiedy na miejscu wykarczowanych lasów August Marwalld kazał wybudować okazały dwór i zabudowania gospodarcze. Przed II wojną światową majątek wydzierżawił Anton Güntow – bankier z Warszawy, a w trakcie wojny pałac przejęli Niemcy, aby utworzyć tu szkołę gospodarstwa domowego. Po wojnie budynek był użytkowany przez PGR. W dworze zorganizowano mieszkania, a potem świetlicę (wyświetlano w niej filmy i organizowano zabawy). Później majątek przejęła Agencja Nieruchomości Rolnych, która bez powodzenia wystawiała go na sprzedaż. Potencjalnych kupców zniechęca zapewne otoczenie.

Dawny zadbany ogród zniknął pod blokowiskiem i gospodarczymi zabudowaniami. Wnętrza też nie prezentują się interesująco, bo dwór został ogołocony nawet z instalacji. A jednak warto tu zajrzeć, bo, mimo zniszczeń, budynek ma w sobie coś intrygującego. Może dlatego, że zakończone szczytami, pokryte spadzistym dachem skrzydła boczne przywodzą na myśl architekturę elżbietańskich dworów, jakie zobaczyć można w ekranizacjach powieści Agathy Christie.

Gajówki leżą 7 km od Działdowa. Jadąc od strony Działdowa drogą powiatową, należy skręcić w lewo, a następnie (na rozwidleniu, przy dużym nowym budynku) w prawo. Dwór stoi przy osiedlu złożonym z trzech bloków.

Gródki (Grodtken)

Pałac

Pałac w Gródkach wzniesiono na początku XX wieku dla rodu von Boddenów, który wywodził się od wielkiego mistrza krzyżackiego Michaela Kichmeistera von Stenmberga. Na tyłach neobarokowego, krytego mansardowym dachem budynku rozciąga się park ze stawami. Zarówno pałac, jak i park są dość dobrze utrzymane, co zawdzięczają rezydującej tu przez lata szkole rolniczej. Obecnie budynek jest prywatny i niedostępny, podobno ma być remontowany.

Po I wojnie światowej Gródki zostały mocą traktatu wersalskiego przydzielone do Polski. Dawni właściciele opuścili pałac, a kilka lat później polskie władze wydaliły z kraju administratora majątku, który okazał się być niemieckim szpiegiem. Gródki trafiły w ręce inżyniera Rajmunda Stodolskiego herbu Plon, zaprzyjaźnionego ponoć z marszałkiem Piłsudskim. W 1939 roku, po zajęciu przez Niemców Działdowszczyzny, majątek wrócił do ro-

dziny von Boddenów. Stał się własnością Wilhelminy von der Osten – córki Augusta von Bodden, a zarazem żony feldmarszałka von Bocka, który w 1942 roku, po dwóch poważnych niepowodzeniach na froncie wschodnim, został odsunięty od dowództwa i wycofał się z życia publicznego.

Gródki leżą 10 km od Działdowa. Jadąc w kierunku Lidzbarka Welskiego, pałac widzimy po lewej stronie drogi, zaraz za skrzyżowaniem z lokalną ulicą. Będąc w okolicy, warto wiedzieć, że przed wsią znajduje się też inna ciekawostka – zespół pięciu ukrytych w lesie kurhanów (są tablice).

Jabłonowo (Sadlinek)

Drewniany wiatrak koźlak

We wsi znajduje się drewniany wiatrak z końca XIX wieku. Ostatnio był remontowany w 1912 roku, od tego czasu prowadzono tylko drobne prace naprawcze. Ale konstrukcja i wszystkie urządzenia są podobno w dobrym stanie. Znacznie gorzej prezentuje się dach i poszycie ścian.

Wiatrak przestał pracować w 1947 roku, bo jego użytkowanie stało się nieopłacalne. Obecnie jest w rękach prywatnego właściciela, mieszkańca pobliskiego gospodarstwa, który jedynie na bieżąco zabezpiecza różne ubytki, bo nie stać go na poważniejsze remonty. Zabytkiem interesowały się róże instytucje i osoby, ale na razie nie udało się uzyskać konkretnej pomocy.

Budynek ma trzy kondygnacje, a średnica jego skrzydeł wynosi przeszło cztery metry. Jest to wiatrak typu koźlak, który pojawił się w Polsce w XIV wieku.

Koźlaki składają się z dwóch części. Podstawa wiatraka jest nieruchoma – tworzy ją pionowy pal, ukośnie podparty i osadzony na tzw. podwalinie (skrzyżowane belki na murowanym fundamencie). Na stabilnej podstawie osadzona jest część ruchoma. Taka konstrukcja pozwala na obracanie ruchomej części wiatraka – w celu ustawienia skrzydeł „na wiatr", co można zrobić przy pomocy specjalnego dyszla.

Jabłonowo położone jest 18 km od Działdowa. Aby znaleźć wiatrak, należy przejechać przez wieś i skręcić w drogę do Wawrowa. Budynek stoi zaraz za rozwidleniem, po lewej stronie.

Janowo (Iwanken)

Drewniany wiatrak paltrak

Janowo to dawne miasto, w którym w XIV wieku podpisano ugodę graniczną między Zakonem Krzyżackim a Mazowszem (więcej na ten temat napisano na kolejnej stronie, przy Komorowie). Miasto utraciło prawa w odwecie za wspieranie powstania styczniowego, ale zarówno układ przestrzenny skupionego wokół rynku Janowa, jak i jego atmosfera bliższe są charakterowi małego miasteczka niż wsi. W miejscowości zachowało się trochę starej drewnianej zabudowy, na szczególną uwagę zasługuje zabytkowy wiatrak.

Janowski wiatrak zbudowano w XIX wieku i jest on świetnym przykładem konstrukcji typu paltrak, która stanowi skrzyżowanie popularnych koźlaków z młynami holenderskimi. Na pierwszy rzut oka wygląda jak koźlak, ale mechanizm obracający budynek jest rozwiązaniem stosowanym w holendrach. Młyny typu paltrak opierają się na murowanej podstawie nie tylko za pośrednictwem centralnego słupa, ale całym obwodem, który przesuwa się po fundamencie na stalowych rolkach wchodzących w specjalne zagłębienie zrobione w jego podstawie.

W Janowie zobaczyć można również pozostałości XVIII-wiecznego kirkutu, gdzie zachowało się kilka starych nagrobków.

Janowo leży 21 km od Nidzicy. Wiatrak stoi koło gospodarstwa przy ulicy Zembrzuskiej, natomiast kirkut znajduje się przy ulicy Działowej.

Komorowo II

(Camerau /Mückenhausen/Grossmückenhausen)

Dworek przy dawnej granicy

W Komorowie koło Nidzicy stoi niewielki, zgrabny dworek w neo-barokowym stylu. W ostatnich latach budynek był częściowo remontowany, ale stoi pusty i wymaga dalszych napraw. Dworek ten zbudował w połowie XIX wieku generał Schlinger na fundamentach starszej budowli.

Niedaleko od tego miejsca znajdował się kiedyś brukowany bród na rzece Orzyc (w starym korycie nadal można znaleźć kamienie), przy którym istniał strzegący przeprawy gród. Z czasem przy grodzie powstała wieś, która rozciągała się początkowo na obydwu brzegach rzeki. Kiedy Orzyc stał się rzeką graniczną, część leżąca po stronie Mazowsza oderwała się od Komorowa i przekształciła w Janowo (patrz poprzednia strona).

Wyznaczona ugodą janowską granica na Orzycu utrzymała się przez sześćset lat aż do końca II wojny światowej, tym samym jest to najstarszy zachowany przebieg granic Polski. W celu zabezpieczenia terenów zbudowano tzw. „Stary Wał", który obiegał Komorowo od zachodu i północy – jego pozostałości są ponoć nadal widoczne pomiędzy jeziorem

Zawady a wsią Wichrowiec. We wsi funkcjonowała też prawdopodobnie komora celna, co często bywa błędnie uznawane za źródło nazwy miejscowości, która w rzeczywistości wywodzi się od królujących kiedyś nad bagiennymi brzegami Orzyca komarów.

Komorowo leży 21 km od Nidzicy. Dworek stoi przy skrzyżowaniu, z prawej strony drogi na Wichrowiec.

Koszelewy (Groß Koschlau)

Ruina pałacu

Pałac w Koszelewach zbudował w XVIII wieku Samuel Sigmundt von Haubnitz, którego zniszczony grób znajduje się w mocno zaniedbanym dworskim parku. W XIX wieku rezydencja była dwukrotnie przebudowywana – do głównego budynku dostawiono dwie oficyny, a całości nadano wygląd nawiązujący do projektów Karla Friedricha Schinkla. W pierwszej połowie XX wieku rozpoczął się powolny upadek pałacu. Na mocy traktatu wersalskiego Koszelewy trafiły do Polski, majątek został zadłużony, a zabytkowy budynek zaczął popadać w ruinę. W 1935 roku pałac dostał nową szansę, kiedy zniszczony obiekt kupił Jan Rutkowski. Rozpoczęte przez Rutkowskiego prace renowacyjne przerwała jednak wojna. Po wojnie w majątku utworzono PGR, a pozbawiony odpowiednich remontów pałac był w coraz gorszym stanie – w 1988 roku duża część pomieszczeń nie nadawała się już podobno do użytkowania. Po likwidacji PGR-u majątek próbowała sprzedać Agencja Nieruchomości Rolnych, ale nie znaleziono nabywcy, w 2007 roku

wszelkie nadzieje na renowację koszelewskiego pałacu pogrzebał pożar. Dziś z dawnego założenia zachowały się stojące w zarośniętym parku zewnętrzne ściany budynku oraz część zabudowań folwarcznych i ustawiona na dawnym placu tablica zatytułowana: „Wyprawa w przeszłość".

Naprzeciw pałacu, w porastającej niewielki pagórek kępie drzew, stoją ruiny kościoła. Pierwotnie był on gotycki, ale ze względu na zły stan budynku w XVIII wieku został rozebrany i odbudowany w stylu barokowym. Nową świątynię wzniesiono na planie prostokąta z 20-metrową wieżą o ryglowej nadbudowie, zakończoną kopulastym hełmem. Po wojnie opuszczony budynek niszczał, aż w 1959 roku podjęto decyzję o jego rozbiórce. Pozostawiono jedynie wieżę, która stanowiła kiedyś wejście do kościoła – dziś zachowała się tylko jej pierwsza kondygnacja.

Koszelewy leżą 21 km od Działdowa. Ruiny znajdują się we wsi przy drodze do Płośnicy – pałac jest po prawej, a kościół po lewej stronie.

Kuligi (Kullig)

Kaplica baptystów

Baptyści pojawili się w Kuligach w XX wieku i zbudowali tam niewielki dom modlitwy, z którego korzystała grupa 30 – 40 osób. Do zboru należał też dom mieszkalny oraz mały cmentarz (50 m x 50 m). Po I wojnie światowej baptyści mieszkający na terenach dawnych zaborów założyli własny związek religijny – Unię Zborów Baptystów Języka Niemieckiego w Polsce. W latach 30. Unia gromadziła około 14 tysięcy wiernych i prowadziła 36 zborów, jednym z nich była wspólnota w Kuligach.

W 1939 roku wspólnoty należące do Unii zostały wcielone do związku niemieckiego, a po 1945 roku do Polskiego Kościoła Chrześcijan Baptystów, jednak nie wszystkie kontynuowały swoją działalność. Zbór w Kuligach przestał istnieć, a jego mienie przekazano gminie na świetlicę młodzieżową. Obecnie budynek nie wygląda na użytkowany i stoi pusty, choć znajduje się w dość dobrym stanie. Planowane jest ponoć uruchomienie tam regionalnego muzeum. Co wyjdzie z tych planów, czas pokaże. Na razie urządzono obok niewielki skwerek.

W Kuligach istniał też kościół ewangelicki z przełomu XVIII i XIX wieku. Budynek był zniszczony, ale przetrwał wojnę, jednak z próby utworzenia w nim parafii katolickiej nic nie wyszło i obecnie jedynym

śladem po dawnej świątyni jest wybudowana w latach 80. przydrożna kapliczka.

Kuligi leżą 8 km od Nowego Miasta Lubawskiego. Dawna kaplica znajduje się z prawej strony drogi, koło Domu Strażaka.

Łąki Bratiańskie (Lubenicz, Königlish Lonk)

Relikty klasztoru

Jeszcze w XIX wieku klasztor w Łąkach Bratiańskich nazywano „Zachodnio-Pruską Częstochową", bo odwiedzające go rzesze pielgrzymów (również z Warmii, Kaszub i Kongresówki) osiągały liczebność kilkudziesięciu tysięcy.

Klasztor założyli franciszkanie-reformaci, których w 1631 roku zaprosił na te ziemie starosta bratiański, aby stworzyć przeciwwagę dla ekspansji ewangelików. Jednak już wcześniej istniała w Łąkach kaplica, a kult maryjny związany był z tym miejscem od średniowiecza. Pierw-

szy klasztor zbudo-
wano z drewna, po
kilku latach spłonął
(o podpalenie podej-
rzewano protestan-
tów), więc na jego
miejscu wzniesiono
kolejny – murowany.
Punktem zwrotnym
w popularności Łąk
Bratiańskich stał się
rok 1750, kiedy pa-
pież Benedykt XIV
(w uznaniu cudów
i łask) zezwolił na ko-
ronację figury Matki
Boskiej Łąkowskiej.
W związku z ciągle
rosnącą liczbą piel-
grzymów w roku
1785 rozbudowano
klasztor i wzniesio-
no większy kościół.
Nowy budynek za-
projektowano w sty-

lu barokowym, zgodnie z wymogami reguły zakonu. Cele zakonników umieszczone były na piętrze zabudowań klasztornych, które rozplano- wano wokół dwóch dziedzińców, większy z nich otoczony był krużgan- kami.

W 1875 roku władze Prus rozwiązały zakon i zamknęły klasztor, a w 1882 roku los zabudowań przypieczętował pożar wywołany przez piorun, który trafił w wieżę kościoła. Rok później zaczęto rozbiórkę oszczędzonych przez ogień fragmentów budynków oraz licytację ocala- łego wyposażenia (m.in. sprzedano na wagę zbiory klasztornej bibliote- ki). Cudowną figurę przeniesiono do kolegiaty w Nowym Mieście.

Dziś w miejscu imponujących budowli oglądać można dwie bramy i fragmenty murów okalające porośnięty chaszczami teren dawnego za- łożenia. Nieco z boku, na łące, zbudowano drewniany ołtarz. Co roku 8 września staje na nim figura Matki Boskiej, która przypływa z Nowego Miasta łodzią, aby choć na chwilę powrócić do łąkowskiego klasztoru.

Łąki Bratiańskie graniczą z Nowym Miastem Lubawskim. Jadąc w stronę Bratiana, bramę dawnego klasztoru widzimy po prawej stronie drogi, naprzeciw ulicy Iławskiej.

Łąkorek (Lonkorrek, Lonkorreck)

Dwór

Na wysokiej skarpie schodzącej do jeziora Łąkorz stoi oryginalny secesyjny dwór, który wyglądem przypomina podmiejską willę. Budynek ma dwie kondygnacje, a jego główną ozdobę stanowią umieszczone w narożnikach balkony, które zwieńcza dekoracyjny dach wsparty na wysokich drewnianych kolumnach. Zachowała się stara stolarka drzwiowa i okienna oraz klatka schodowa.

Dwór zbudowano dla Friedricha Lange – znanego chirurga, który operował dłoń Ignacego Paderewskiego, ratując tym samym karierę słynnego pianisty. Lange był nie tylko lekarzem, ale również wielkim społecznikiem i sfinansował wiele istotnych dla regionu projektów, np. publiczną bibliotekę, dom dla osób niepełnosprawnych w Biskupcu Pomorskim czy szpital w Nowym Mieście Lubawskim. Wychował się w Łąkorku, który był dzierżawiony przez jego ojca i bardzo przywiązał się do łąkorskiego majątku, gdzie pragnął wrócić po odbyciu stażu w Ameryce. Nie mógł go jednak wykupić, bo majątek stanowił własność państwa pruskiego i jako domena królewska nie był przeznaczony na sprzedaż. Lange kupił zatem inny majątek podobnej wartości, po czym wymienił go na Łąkorek, a na miejscu starego dworu wybudował nową siedzibę (fundamenty starego budynku widoczne są na południe od dworu).

Jego stan zdrowia zaczął się jednak pogarszać, w związku z czym w 1908 roku przekazał swoją własność w ręce powiatu, czyniąc jedynie dwa zastrzeżenia – że będzie nadal użytkować dwór oraz park i jezioro, a przez pięćdziesiąt lat po jego śmierci nie zostaną w parku ścięte żadne drzewa.

W 1920 roku, zgodnie z decyzjami traktatu wersalskiego, majątek trafił do Polski. Po wojnie utworzono tu PGR, którego spadkobiercą stała się AWRSP. Obecnie stanowi własność prywatną. Właściciele przeprowadzili prace remontowe i początkowo podobno mieszkali w dworku, ale przeprowadzili się do innego domu i zabytkowy budynek zaczął niestety niszczeć.

Łąkorek leży 21 km od NML. Dwór znajduje się blisko północnego krańca wsi. Można do niego dotrzeć przez teren dawnego folwarku, w którym działa teraz przedsiębiorstwo rolne (należy zapytać o pozwolenie obejrzenia pałacu). Można także podjechać drogą od strony centrum wsi (tutaj nie trzeba nikogo pytać o pozwolenie, ale budynek możemy obejrzeć jedynie przez siatkę).

Łąkorz (Lonkorz)

Wiatrak holenderski/wieżowy

N ad ciągnącą się wzdłuż drogi wsią Łąkorz góruje usadowiona na sporym wzniesieniu bryła wiatraka. Budynek powstał w latach 70. XIX wieku. Nie ma już niestety skrzydeł, ale wyremontowana (właściwie odtworzona) została jego drewniana obrotowa czapa i w bardzo dobrym stanie jest wysoka na cztery kondygnacje, wzniesiona z cegieł podstawa (więcej na temat konstrukcji wiatraków holenderskich przeczytać można na stronie 49).

Wiatrak pełnił swoją funkcję do roku 1956, później był własnością gminy Biskupiec, a w latach 90. kupiła go od gminy osoba prywatna, która nie prowadziła żadnych koniecznych remontów, więc budynek coraz bardziej popadał w ruinę. Na szczęście w 2001 roku do właściciela zwróciło się Stowarzyszenie Ochrony Przyrody i Dziedzictwa Kulturowego w Łąkorzu, któremu (po pięciu latach negocjacji) udało się odkupić wiatrak. W 2007 roku niszczejący zabytek został zabezpieczony i wykonano prace remontowo-rekonstrukcyjne. W środku wiatraka zachowało się dużo dawnych elementów.

Łąkorz leży 17 km od NML. Wiatrak znajduje się na wzgórzu, z prawej strony głównej drogi, około 200 m za kościołem i centrum wsi. O możliwość obejrzenia wnętrza należy pytać prezesa stowarzyszenia, Jana Ostrowskiego, który od lat 90. prowadzi w Łąkorzu Muzeum Lokalne (tel. 509 980 320).

Malinowo (Amalienhof)

Wieża Bismarcka czy pomnik pierwszowojenny?

W lasach pod Malinowem, na szczycie Lisiej Góry, znajduje się tajemnicza konstrukcja. Mieszkająca na terenie Polski ludność niemiecka nazywała stojący na wzgórzu monument Wieżą Bismarcka, takie określenie powtarzane jest też często współcześnie przez autorów różnych opracowań. Budowla faktycznie ma kształt wieży i pierwotnie miała taras widokowy, na który wchodziło się wewnętrznymi schodami. Wzniesiono ją w 1915 roku z nieregularnie ociosanych polnych kamieni. Po przejęciu terenów przez Polskę w 1920 roku budynek nie został wyburzony, dodano jedynie do niego polskie napisy oraz nazwę: Wieża Wolności.

Mimo konstrukcyjnego podobieństwa do wież Bismarcka był to jednak pomnik na cześć poległych w I wojnie światowej. Nieporozumienie wynika z faktu, że autor dzieła, Philipp Kahm, bardzo silnie wzorował się na stworzonym przez Wilhelma Kreisa projekcie „Zmierzch Bogów", według którego zbudowano blisko pięćdziesiąt Wież Bismarcka.

Budowla jest zniszczona, nie zachowały się wewnętrzne schody, a ściany są mocno wykruszone, zasadnicza część konstrukcji wydaje się jednak solidna. Dziś wzgórze porosło lasem i nie pełni roli punktu widokowego, ale ukryta w gęstwinie wieża, którą otaczają pozo-

stałości murów i schodów, robi duże wrażenie.

Malinowo leży na przedmieściach Działdowa. Wieża znajduje się na wzgórzu z lewej strony drogi do Sarnowa. Samochód najlepiej zostawić przy drodze przed budynkiem leśniczówki i wspiąć się ścieżką pod górę, a następnie iść szczytem wzniesienia przez las (około 300 m).

Montowo (Montaw)

Dwór

We wsi Montowo stoi opustoszały dwór, na jego tyłach rozciąga się rozległy park ze stawami. Zachowane w niezłym stanie zabudowania folwarczne (w tym ciekawy spichlerz) są nadal użytkowane. Dwór pochodzi z pierwszej połowy XIX wieku, ale w drugiej połowie XIX wieku rozbudowano go, dodając do pierwotnego budynku oficynę i czterokondygnacyjną wieżę, co znacznie uatrakcyjniło bryłę.

W XIX i XX wieku majątek znajdował się w rękach rodziny Ossowskich, która była mocno zaangażowana w krzewienie polskości w regionie (przeszło 80% ludności powiatu lubawskiego stanowili wówczas Polacy). Działalność społeczno-polityczną Ossowscy kontynuowali również po przyłączeniu tych ziem do Polski. Szczególnie wybitną postacią był należący do tej rodziny Bolesław Ossowski – udekorowa-

ny Złotym Krzyżem Zasługi, członek wielu instytucji i organów, w tym Tymczasowej Rady Powiatowej, Sejmiku Powiatowego, Sejmiku Wojewódzkiego, Zarządu Powiatowego Pomorskiego Towarzystwa Rolniczego i Rady Nadzorczej Banku Lubawskiego. Po wybuchu II wojny światowej majątek Ossowskich przejęła rodzina niemiecka, a po 1945 roku utworzono tu PGR. Obecnie obiekt nie jest użytkowany i niszczeje.

Montowo leży 9 km od Lubawy. Jadąc z Lubawy, dwór widzimy po lewej stronie (mniej więcej naprzeciw drogi do Grodziczna).

Nowe Miasto Lubawskie (Neumark)

Kościół zaadaptowany na budynek użyteczności publicznej

W centrum rynku Nowego Miasta Lubawskiego stoi duży neoklasycystyczny budynek z wieżą zwieńczoną ozdobnym hełmem. Większość turystów bierze go omyłkowo za ratusz. W rzeczywistości dominujący nad placem gmach to dawny kościół ewangelicki, który po wojnie zamknięto w związku z brakiem wiernych. W średniowieczu w tym miejscu był faktycznie ratusz, ale spłonął w pożarze, a jego ocalałe resztki rozebrano w 1806 roku. Dwadzieścia lat później, na miejscu wcześniejszego ratusza, stanął niewielki jednonawowy kościół, który jednak w XX wieku zaczęto uważać za zbyt mały, więc w 1912 roku wzniesiono nową, większą świątynię.

Po II wojnie światowej w Nowym Mieście Lubawskim nie istniała gmina ewangelicka, więc świątynię wydzierżawiono Polskiemu Narodowemu Kościołowi Katolickiemu, ale w związku z małą liczebnością tej grupy wyznaniowej nie udało się zorganizować parafii i stan nieużytkowanego budynku zaczął się pogarszać. Ostatecznie w 1958 roku zabytek przekazano lokalnym władzom, które zdecydowały o jego adaptacji na obiekt użyteczności publicznej.

Ławki przekazano do kościoła w Iławie, ołtarz do kościoła w Ząbrowie, a krzyż do Jabłonowa Pomorskiego. Do budynku dawnej świątyni wprowadziło się za to kino Harmonia, które właściwie już nie działa, choć jego sala wykorzystywana jest przez ośrodek kultury. W dawnej nowomiejskiej świątyni mieści się za to nadal informacja turystyczna oraz restauracja.

Nowe Miasto Lubawskie leży 24 km od Iławy, dawny kościół znajduje się w centrum przy rynku.

Ostrowite (Schilthern, Schildern)

Pałac i ślad po dawnym szpitalu

W Ostrowitem można obejrzeć pałac z końca XIX wieku. Wzniesiono go na planie litery T. Do piętrowego budynku, z umieszczoną w lewym skrzydle wieżą, prowadzi stara aleja. W pałacu urzęduje gospodarstwo rolne Rolpol. Budynek jest w dobrym stanie technicznym, ale robi dość zapyziałe wrażenie.

Z pałacem i majątkiem związane są dwie postacie z rodziny von Blücher. W XIX wieku ostrowickie dobra przekazano w ramach nagrody za sukcesy

pod Waterloo „Marszałkowi Naprzód", czyli Gebhardowi Lebrechtowi von Blücher.
Marszałek otrzymał też rezydencję w Kor-
bielowicach na Dolnym Śląsku oraz tytuł
księcia i stworzone specjalnie dla niego
odznaczenie – Gwiazdę Blüchera.

Mniej znany, ale bardziej dla Ostro-
witego istotny był Hans von Blücher
– skoligacony z feldmarszałkiem ostatni właściciel majątku, który do dziś jest
w okolicy bardzo pozytywnie wspominany jako „dobry Niemiec". Mimo posiadania stopnia wojskowego nie poparł Hitlera
i ocalił przed rozstrzelaniem kilku miesz-
kających w okolicy Polaków. Dzięki jego ostrzeżeniu udało się też uratować
figurkę Matki Boskiej Wardęgowskiej, którą z sanktuarium w Wardęgowie
przeniesiono do ostrowickiego kościoła, gdzie została ukryta za ołtarzem.

Będąc w Ostrowitem, warto przejść się za ów kościół, żeby obejrzeć
stojącą na skraju pola rzeźbę św. Józefa – jedyną pozostałość po dawnym szpitalu wojskowym.

*Ostrowite leży 25 km od Nowego Miasta Lubawskiego. Poszpitalna rzeź-
ba znajduje się na łące za kościołem. Aby zobaczyć pałac, należy przejechać około 1 km w kierunku stacji kolejowej. Pałac znajduje się z prawej
strony drogi, nad jeziorem.*

Pozycja Lidzbarska

Polskie fortyfikacje

Pozycja Lidzbarska to jedyne polskie umocnienia na terenie województwa warmińsko-mazurskiego. Fortyfikacja miała charakter
obronny, a jej celem było zabezpieczenie Pozycji Mławskiej oraz
Armii „Modlin" od strony zachodniej. Pierwotnie planowano wzniesienie
czternastu schronów, ale ostatecznie postawiono tylko sześć. Powodem
ograniczenia projektu był brak budulca, pewne znaczenie miał zapewne
również fakt, że budowa obiektów ruszyła dopiero w sierpniu 1939 roku.
Ponieważ w Lidzbarku nie było większych walk, obiekty nie odegrały
istotnej roli militarnej.

Schrony mają jedno stanowisko ckm i są przeznaczone na załogi składające się z trzech osób. Dodatkowym zabezpieczeniem pozycji były zasieki z drutu kolczastego i okopy. Po zasiekach nie ma już jednak śladu, a okopy są nieczytelne.

Jeden ze schronów stoi na północ od miasta między jeziorem Markowskim (odnoga jeziora Lidzbarskiego) a drogą 544, przy zjeździe na stare miasto (jest bardzo dobrze widoczny). Pozostałe znajdują się na południe od Lidzbarka i płynącego w tym odcinku równoleżnikowo Welu, wzdłuż drogi na Bełk.

Prątnica (Pronikau)

Baba pruska w ścianie kościoła

Prątnica to niewielka wieś pod Lubawą, w centrum której, na niewielkim wzniesieniu, stoi zadbany XIV-wieczny kościół. Są w okolicy kościoły większe i ciekawsze, ale prątnicka świątynia ma w sobie coś wyjątkowego – przed wiekami w jej ściany wmurowano babę pruską. Przy kościele nie stoi żadna tablica z informacją, a sama rzeźba jest nieco niewyraźna, ale wystarczy spacer wokół budynku,

 żeby dostrzec dziwny budulec. Można podejrzewać, że posąg pochodzi z samej Prątnicy, bo mało prawdopodobne wydaje się, aby go transportowano na duże odległości. Niewykluczone nawet, że kiedyś stał w miejscu kościoła, bo istnieją teorie, że wznoszący się nad strumieniem pagórek mógł być w czasach pogańskich miejscem kultu. W każdym razie kamień jest częściowo odbarwiony, co może być śladem po wkopaniu posągu w ziemię. Wmurowanie rzeźby w ścianę budynku wynikało prawdopodobnie nie tylko z potrzeby budulca, ale miało też znaczenie symboliczne, na co może wskazywać umieszczenie pokonanego bałwana w pozycji leżącej, blisko fundamentów.

Baby pruskie to mocno uproszczone antropomorficzne rzeźby z granitowych polnych kamieni, na których przeważnie zarysowywano jedynie twarz, czasem ręce trzymające miecz, tasak albo róg (dużo rzadziej pojawiają się inne szczegóły wyglądu, np. naszyjnik albo pas). Szacuje się, że powstały w okresie od IX do XI wieku i nikt nie wie, jakie jest ich znaczenie. Najczęściej kamienne baby uważane są za rzeźby przedstawiające bóstwa albo podobizny ważnych wojowników, ewentualnie pokonanych wrogów, często wspomina się też o posągach nagrobnych. Ale istnieją również teorie mówiące, że to rzeźby pokutne albo po prostu zwykłe kamienie graniczne. Najbardziej kontrowersyjna, choć zarazem mocno intrygująca wydaje się być hipoteza, że baby pruskie nie są dziełem Prusów, ale powstawały na zlecenie Krzyżaków, którzy pragnęli uzasadnić sens swoich krucjat. Dotychczas znaleziono około dwudziestu tego typu posągów. Większość z nich przeniesiono do większych ośrodków i muzeów. Kamienna baba przebywająca nadal w swoim „naturalnym" otoczeniu to duża rzadkość. Tym bardziej dziwi, że jest mało znana.

Prątnica leży 6 km od Lubawy. Kościół stoi w centrum wsi, a kamienna baba wmurowana jest w zewnętrzną ścianę, z prawej strony kościoła, blisko jego tyłu, koło fundamentu. Znajduje się w pozycji leżącej.

Purgałki

Dawny dom Straży Granicznej

W wyniku umów podpisanych między Zakonem Krzyżackim a książętami mazowieckimi, tereny południowej Działdowszczyzny zostały w XIV wieku przyłączone do Zakonu. Granica ta obowiązywała przez kolejne stulecia. Zniknęła na okres kilkunastu lat po drugim rozbiorze Polski, ale po utworzeniu Księstwa Warszawskiego zaczęła ponownie funkcjonować, przekształcając się później w granicę prusko-rosyjską, obowiązującą do 1920 roku, kiedy ziemie te zostały przyznane Polsce.

Na przestrzeni wieków granica ta była w różny sposób chroniona – najwcześniejszym jej zabezpieczeniem był tzw. Grenzwall, czyli ciągnący się na odcinku 25 kilometrów Wał Graniczny, który został najprawdopodobniej wzniesiony przez Mazowszan (więcej na temat Wału Granicznego na stronie 142). Jednym z niewielu ocalałych śladów nowszej infrastruktury granicznej jest dawna strażnica w okolicach wsi Purgałki. Budynek niegdysiejszej Strażnicy Granicznej pełni obecnie funkcję domu mieszkalnego. Jego parterowa bryła z piętrowym ryza-

litem i wysokim dachem wyglądem przypomina niewielki dworek, niestety fasadę zepsuły wstawione w jednym z lokali zbyt szerokie okna i dziwny daszek przed frontowymi drzwiami.

Purgałki leżą 16 km od Działdowa. Budynek dawnej strażnicy stoi z lewej strony drogi Purgałki-Pruski, mniej więcej 1 km za wsią.

Ruszkowo (Rauschken)

Dwór

Ruszkowo to wieś na terenie Działdowszczyzny, która po I wojnie światowej pozostała w Prusach Wschodnich. Poza kościołem, słynącym z cennego XVII-wiecznego wyposażenia, zachował się tu zabytkowy zespół podworski. W niewielkim parku ze starodrzewem stoi pałac zbudowany przez rodzinę Decker w XIX wieku i rozbudowany w XX wieku. Rozłożysta budowla ma wysoki dach i umieszczony centralnie ryzalit z niewielkim gankiem.

Na tyłach parku znajduje się podwórze gospodarcze z zabudowaniami dawnego folwarku (obory, gorzelnia, stacja trafo, magazyn – niezły stan, ale mało interesujące architektonicznie). Z dawnego zespołu zachowała się też rządcówka i czworaki, a w pobliżu pałacu stoi ciekawa w kształcie szkoła z lat 20. XX wieku, która nadal pełni swoje funkcje. Po wojnie w majątku funkcjonował PGR, teraz jest on w rękach prywatnych. Folwark wygląda na użytkowany, natomiast pałac stoi pusty.

Ruszkowo leży 18 km od Działdowa. Dwór stoi na południowym końcu wsi, w zakolu drogi, z jej lewej strony.

Straszewo/Straszewy

Ślady nieistniejącej wsi

Za budzącym respekt kajakarzy rezerwatem „Piekiełko" Wel wpływa do szerokiej doliny. Jej centralnym punktem jest stojąca na rozdrożu niewielka, ale bardzo zadbana kapliczka. Stanowi ona najlepiej zachowany ślad po dawnej wsi Straszewo. Innymi śladami są pozostałości bruku na leśnej drodze, zdziczałe owocowe drzewa i coraz trudniejsze do odnalezienia fundamenty domów, szkoły, młyna oraz dawnego dworu. Jeszcze kilka lat temu można było zwiedzać jego piwnice, w tym roku nie udało się już do nich dotrzeć.

Pierwsi osadnicy pojawili się w okolicy Straszewa we wczesnym średniowieczu, a w wieku XVII wieś mocno się rozwinęła i w 1909 roku liczyła już około 160 mieszkańców. Później jednak zaczęła się wyludniać, bo w latach 20. XX wieku w Straszewie pozostał już tylko dwór,

młyn i kilka mniejszych budynków.

Z zamieszczonej w niemieckiej prasie z 1936 roku notatki wynika, że dwór spłonął w wyniku wadliwej instalacji grzewczej. Pożar wydaje się jednak dość podejrzany w kontekście innych prasowych informacji. Pierwsza – z 1930 roku – informuje, że właściciel majątku skazany zostaje na dwa lata więzienia w związku z oskarżeniem przez 12 osób o 168 różnych przestępstw, druga – z 1936 roku – stwierdza, że ów człowiek padł ofiarą 16 nieudanych zamachów. W tamtym okresie właścicielem majątku był Adam Rawicz Ołda-

kowski, ojciec późniejszego komandora Mariusza Ołdakowskiego, który pływał na ORP „Orzeł". Niewykluczone zatem, że dziwne przypadki wynikały z antypolskich nastrojów. Po wojnie wieś opustoszała, choć ponoć jeszcze przez jakiś czas tutejszy młyn wykorzystywany był przez PGR w Chełstach.

Pozostałości wsi Straszewo znajdują się około 10 km od Lidzbarka Welskiego. Można tam dotrzeć leśną drogą albo od strony Chełst, albo od strony Trzcina (ta druga opcja jest nieco lepsza).

Tuczki (Tautschken)

Dwór

Dwór w Tuczkach zdecydowanie ładniej prezentuje się od strony ogrodu. Wzniesiono go w 1856 roku dla Maximiliana Schilke. Budowla określana jest jako bezstylowa, składa się z dwóch piętrowych skrzydeł połączonych centralną częścią parterową, którą od strony ogrodu zdobi loggia (obecnie prze- szklona, wcześniej ot- warta). Założenie po- wstało w zakolu rzeki Wel, w ciągnącym się w kierunku jej brzegów parku zachował się licz- ny starodrzew, w tym pomnikowe okazy liczą- ce sobie ponad 200 lat. Od frontu położone są zabudowania folwarcz-

ne, w tym rządcówka, która przed wybudowaniem obecnego dworu służyła za siedzibę majątku. W latach 50. uruchomiono PGR, którego własność przejęła Agencja Nieruchomości Rolnej.

Dziś budynki nadal są użytkowane przez gospodarstwo rolne, dzia- ła też (co stanowi rzadkość) lokalna gorzelnia. Sam dwór stoi pusty i jest mocno zaniedbany, ale budynek nie robi wrażenia, jakby miał się zawalić, a we wnętrzach zachowała się ponoć duża część zabytkowego wystroju. Odwiedzając Tuczki, warto wiedzieć, że przed wojną przez kilkanaście lat pracował w tutejszej szkole Teofil Ruczyński – poeta, prozaik, regionalista, piewca ziemi lubuskiej.

Tuczki leżą 22 km od Działdowa. Aby dotrzeć do dworu, należy w Tucz- kach skręcić na Dąbrówno, dawny majątek znajduje się po lewej stronie drogi (park otacza niski, kamienny mur).

Turza Mała (Klein Tauersee)

Dwór

Dwór w Turzy Małej najpiękniej wygląda od strony biegnącej do wsi drogi, kiedy za płynącym przez łąki strumieniem wyłania się z kępy drzew bogato dekorowana wieżyczka. Pałacyk zbu- dowano w 1895 roku w stylu tzw. renesansu niemieckiego, podejrzewa się, że zaprojektował go Otto March, a w każdym razie wygląd budyn- ku nawiązuje do realizacji słynnego berlińskiego architekta. Dwór ma ciekawą, nieregularną bryłę, w którą wkomponowane zostały wykusze, balkony, loggia, reprezentacyjny portal z wielkim oknem i wspomniana niewielka wieżyczka z sygnaturką. Główną ozdobą ścian są ceglane obramowania okien oraz ceglane gzymsy, które przecinają jasno tynkowane płaszczyzny. Podobno był to jeden z pierwszych budynków na całej Działdowszczyźnie, do którego podłączono elektryczność i kanalizację.

Budowę zlecił Friedrich von Kownatzki, który obok dworu postawił też zabudowania gospodarcze. W roku 1905 majątek kupiła rodzina Oehlrich i pozostał on w jej posiadaniu do 1945 roku. Ostatni właściciel majątku, Herbert Oehlrich, był mocno zaangażowany w działalność niemieckich organizacji, w tym walczące o wpływy w regionie Deutsche Vereinigung, które współpracowało z NSDAP. Z powodu swojej działalności naraził się polskim władzom, czego konsekwencją było wywłaszczenie z części majątku, a w 1939 roku przymusowe wysiedlenie do Wołynia. Kilka miesięcy później Herbert Oehlrich został wyzwolony przez przemieszczające się na wschód niemieckie wojska i wrócił do Turzy. W 1945 roku jego majątek przejął skarb państwa, później utworzono tu PGR. Dwór stoi pusty i był przez lata zaniedbywany, z zewnątrz budynek wygląda dość dobrze, ale jego wnętrza zostały ponoć mocno zdewastowane. Obecnie wraz z zabudowaniami folwarcznymi jest w rękach prywatnych.

Turza Mała leży 18 km od Działdowa. Pałac znajduje się na prawo od drogi z Działdowa i Płośnicy. Aby do niego dojechać, należy skręcić w prawo za parkiem i następnie ponownie w prawo – droga kończy się bramą. Teren jest ogrodzony, ale dostępny, a dwór stoi tuż przy wjeździe, warto jednak zgłosić chęć oglądania budynku, bo pracownicy funkcjonującej tu firmy zamykają po pracy (w naszym przypadku była to 18:00) cały teren, a ściągnięcie osoby z kluczem może chwilę potrwać. W dawnym majątku znajduje się też zabytkowa gorzelnia z 1973 roku.

Zagrzewo (Sagsau)

Pałac

W Zagrzewie ukrywa się piękne założenie dworsko-parkowe. Neobarokowy pałac z 1905 roku jest w całkiem dobrym stanie, ale stoi pusty, co może za jakiś czas odbić się na jego kondycji. Pałac ma rozłożystą bryłę przykrytą mansardowym dachem z lukarnami. Od frontu zdobi go mocno wysunięty ryzalit, w którym umieszczono bogato dekorowane wejście z oryginalnie profilowanymi

oknami, nad nim (na piętrze) znajduje się szeroki balkon. Zaskakuje kształt prawego skrzydła (czy może raczej przybudówki?), jest ono dużo mniejsze, niższe, pozbawione mansardowego dachu i ma inny kształt okien (w lewym skrzydle łukowe). Na tyłach pałacu rozciąga się otoczony kamiennym murem park zaprojektowany przez Ernsta Larassa, który – podobnie jak brat Georg – poszedł w ślady swego słynnego ojca, Johana Larassa.

W Zagrzewie zachował się też cały kompleks zabudowań folwarcznych usytuowanych z trzech stron wielkiego podwórza (na czwartym boku kwadratu znajduje się pałac, który jest jednak nieco cofnięty w głąb parku).

Majątek często zmieniał właścicieli (większość z nich miała polsko brzmiące nazwiska), ostatecznie, w XIX wieku, pałac trafił w ręce rodziny Franckenstein, która mieszkała w nim do 1945 roku. Po wojnie w Zagrzewie utworzono PGR, później majątek stał się własnością prywatną. Zabudowania gospodarcze są cały czas użytkowane, natomiast pałac jest niezamieszkany.

Zagrzewo leży 7 km od Nidzicy. Pałac znajduje się na południowym krańcu wsi, przy drodze prowadzącej do wsi Siemiątki.

Bibliografia

Literatura:

Bańkowski R., *Niezapomniany Park w Dylewie*, „Biuletyn Oddziału Warmińsko--Mazurskiego Stowarzyszenia Konserwatorów Zabytków" nr 7/2009-2010.

Bartoś M., *Ziemia Morąska*, Press – Foto, Olsztyn 1994.

Bieszk J., *Zamki państwa krzyżackiego w Polsce*, Bellona, Warszawa 2010.

Borrmann F. (tłum. Król B.), *Tak było w Gerswalde*, „Zapiski Zalewskie" nr 37/2017.

Brzezińska A.W., Wróblewska U., Szwiec P, *Krajobraz kulturowo-społeczny żuław Elbląskich*, Opalgraf, www.isp.uz.zgora.pl/download/badania/Krajobraz_kulturowy_i_spoleczny_ZE.pdf

Chłosta J., *Słownik Warmii (historyczno-geograficzny)*, Olsztyn 2002.

Cygański J., *Susz z dziejów miasta i okolic*, Muzeum Warmii i Mazur, Olsztyn 2006.

Czachorowski S., Kostyk Ż., Zielińska A., *Warmia i Mazury – nasze wspólne dobro cz. II*, Centrum Badań nad Dziedzictwem Kulturowym i Przyrodniczym oraz Akademicki Klub Turystyczny przy Uniwersytecie Warmińsko-Mazurskim w Olsztynie, Olsztyn 2015.

Długołęcki W., Kowalczyk E., *Nieznane opisy granicy mazowiecko-krzyżackiej, cz. I Granice komornictwa Działdowskiego i Nidzickiego*, „Kwartalnik Historyczny", Rocznik CX, 2003, 1.

Domino J., *Biskupiec, Dąbrówno, Kisielice, Miłomłyn, Susz, Zalewo. Szanse – brak szans*, „Kurier Konserwatorski" 9/2010.

Domy żuławskie – w poszukiwaniu zagubionej tradycji budownictwa, Lokalna Grupa Działania Żuławy i Mierzeja, Nowy Dwór Gdański, grudzień 2009.

Figiel R., *Jak Mcleanowie na Prusiec osiedli*, „Zapiski Zalewskie" nr 35/2016.

Gajewski H., *Babalice – młyn czy papiernia?*, „Historyczne Wieści Gminne", 3/2016.

Glinka T., Piasecki M., Sapała M., Szewczyk R., *Cuda Polski – miejsca, które musisz zobaczy*, Publicat, Poznań 2006.

Grygier T., *15-lecie Instytutu Mazurskiego w Olsztynie*, „Komunikaty Mazursko--Warmińskie" nr 3/1960.

Hertel S., Pikulski W., Podgórski L., Rzezicki L., Wakar A., Wilamowski B., *Iława z dziejów miasta i powiatu*, Olsztyn 1972.

Hoffmann M.J., *Elisabeth Lemke i Emil Schnippel – badacze starożytności Pojezierza Iławskiego z przełomu XIX i XX wieku*, „Zapiski Zalewskie" nr 14/2008.

Jackiewicz J., Kostańska E., *Historia majątku w Bądkach (1859-1945)*, „Zapiski Zalewskie" nr 18/2010.

Jackiewicz-Garniec M., Garniec M., *Pałace i dwory dawnych Prus Wschodnich*, Olsztyn 2001.

Jackiewicz-Garniec M., Garniec M., *Zamki państwa krzyżackiego w dawnych Prusach*, Studio Arta, Olsztyn 2009.

Jasiński J., *Tablica pamiątkowa Immanuela Kanta w Jarnołtowie*, „Komunikaty Mazursko-Warmińskie" nr 4/1994.

Kacprzak K., *Domy podcieniowe Oberlandu*, „Zapiski Zalewskie" nr 16/2009.

Kapiński J., Grodzka W., *Przewodnik po zabytkach kultury materialnej Welskiego Parku Krajobrazowego*, wyd. III 2013.

Kauffman S., *Elisabeth Lemke (1849-1925) Leben und Schaffen der bedeutenden volkskundlichen Forscherin*, „Mohrungen Heimatkreis Nachrichten" 31. Jahrgang 97. Ausgabe Weihnachten 2002.

Klein H., *Juden im Ordensland, in Preußenund in Saalfeld/Ostpr.*, „Mohrungen Heimatkreis Nachrichten" 39. Jahrgang 121. Ausgabe Sommer 2010.

Klein H., *Juden im Ordensland, in Preußen und in Saalfeld/Ostpr.*, „Mohrungen Heimatkreis Nachrichten" 39. Jahrgang 122. Ausgabe Weihnachten 2010.

Klein H., *Juden im Ordensland, in Preußen und in Saalfeld/Ostpr.* „Mohrungen Heimatkreis Nachrichten" 40. Jahrgang, 123. Ausgabe, Ostern 2011.

Klein H. (oprac. Truszkowska I., Kacprzak K.), *Spacer po ulicach dawnego Saalfeld/Zalewa* (część II), „Zapiski Zalewskie" nr 28/2014.

Klein H. (oprac. Truszkowska I., Kacprzak K.), *Spacer po ulicach dawnego Saalfeld/Zalewa* (część I), „Zapiski Zalewskie" nr 27/2014.

Klein H. (tłum. Król B.), *Historia Ochotniczej straży pożarnej w Zalewie*, „Zapiski Zalewskie" nr 16/2009.

Klein H. (tłum. Truszkowska I.), *Spacer po ulicach dawnego Saalfeld/Zalewa* (część III), „Zapiski Zalewskie" nr 31/2015.

Klim J., *Żuławska żegluga śródlądowa – zapomniane dziedzictwo*, „Rocznik Żuławski" 2008.

Kowalczyk E., *Szlaki drogowe w puszczy na pograniczu mazowiecko-pruskim w średniowieczu*, „Kwartalnik Historyczny", Rocznik CVI, 1999.

Kowalczyk E., *Wał Graniczny: ze studiów nad pograniczem mazowiecko-krzyżackim: opracowanie wstępne*, Światowit 41/Fasc.B/1998.

Kozak M.W., *Gotyckie zamki ceglane: szansa czy problem?*, „Turystyka Kulturowa", Nr 5/2014 (maj 2014).

Kuźniewski B., *Tannenberg-Denkmal i jego dzieje*, „Abo" 1994, przedruk na stronie: http://www.domwarminski.pl/

Laskowska K., *W żuławskim domu*, Elbląg 2010.

Madela K., *Huta szkła w Solnikach*, „Zapiski Zalewskie" nr 10/2005.

Madela K., *Żydzi w Zalewie w relacjach przedwojennych mieszkańców miasta*, „Zapiski Zalewskie" nr 10/2005.

Niesiobędzki W., *Zamki, pałace, dwory i inne zabytki powiatu iławskiego*, Iława 2003.

Niesiobędzki W., *Powiat Iławski. Dzieje, zabytki, pejzaż i kultura*, Instytut Pamięci Niesioba, Iława 2017.

Nyga L., Wółkowski W., *Na jagiełłowym szlaku. Przewodnik po powiecie działdowskim*, Starostwo Powiatowe, 2010.

Piechota R., *Żydzi w Zalewie*, „Zapiski Zalewskie" nr 3-4/2003.

Radzimanowski K., *Motittens getreue Preußen*, „Mohrungen Heimatkreis Nachrichten" 33. Jahrgang 104. Ausgabe Weihnachten 2004.

Rodziewicz A., Skrobot W., *Solniki – historyczno-przyrodnicza ścieżka edukacyjna*, Zespół Parków Krajobrazowych Pojezierza Iławskiego, Jerzwałd 2001.

Salm J., *Architektura spod znaku swastyki w Prusach Wschodnich – wstęp do rozpoznania tematu*, „Architectus" nr 2015/2(42).

Skrodzki K., *Gubławki*, Zapiski Zalewskie nr 18/2010.

Skrodzki K., *Hrabia Otto v. Finckenstein (1901 – 1987) – klasyk literatury wschodniopruskiej*, „Zapiski Zalewskie" nr 21/2011.

Skrodzki K., *Kamieniec – mazurska stolica Europy*, „Zapiski Zalewskie" nr 2/2003.

Skrodzki K., *Zalewska przygoda z koleją*, „Zapiski Zalewskie" nr 7/2005.

Sowiński Tomasz, *Tajemnice Warmii i Mazur*, Regionalista, Olsztyn 2008.

Staniszewski A., *Teofil Ruczyński*, „Komunikaty Mazursko-Warmińskie" nr 4, 1979.

Stoppel R. (tłum. Jackiewicz J.), *Bądki moje życie*, „Zapiski Zalewskie" nr 21/2011.

Sukertowa-Biedrawina E., *Działdowszczyzna w oczach Fritza Gausego*, „Komunikaty Mazursko-Warmińskie" nr 4, 1960.

Susz dzieje miasta. Rosenberg Geschichte der Stadt, Towarzystwo Miłośników Ziemi Suskiej, Susz 2008.

Truszkowska A., *Sięgnijmy do Kanta*, „Zapiski Zalewskie" nr 6/2004.

Tuchfabrik Hinrichssegen in Workallen, Gemeinde Bolitten bei Liebstadt, „Mohrungen Heimatkreisnachrichten" 33. Jahrgang 102. Ausgabe Ostern 2004.

Wagner W.D., *Gutshaus Mitteldorf – eine kleine barocke Dreiflügelanlage im Kreis Mohrungen*, „Mohrungen Heimatkreis Nachrichten" 30. Jahrgang 94. Ausgabe Weihnachten 2001.

Walerzak M., *Gładysze, Kamieniec, Słobity, Sztynort. Ogrody barokowe przy rezydencjach dawnych Prus*, Borussia Olsztyn 2010.

Wańkowska-Sobiesiak J., *Zamek w Szymbarku: budowa, zniszczenie i próba odbudowy*, „Ochrona Zabytków" nr 46/4 (183), 1993.

Wohler G., *Wettbewerb fur das Tannenberg-National-Denkmal*, „Deutsche Bauzeitung" Jahrgang 59 - nr 74/1925.

Zlomke H., *Das Kirchenspiel Kóenigsblumenau*, Lunestedt 2008 („Guthaus Stein"
fragment tekstu: zamieszczony na stronie: https://www.koenigsblumenau.ch)

Żurek M., *Sprawozdanie z badań archeologicznych w Miłomłynie*, http://grodzi-
ska-warmia-mazury.pl/grodziska/milomlyn/pdf/sprawozdanie.pdf

Internet:

http://encyklopedia.warmia.mazury.pl

http://historia-wyzynaelblaska.pl

http://leksykonkultury.ceik.eu/

http://m.voyage.pl/

http://mojemazury.pl/

http://mojezulawy.pl/

http://nimoz.pl/

http://ostpreussen.freetzi.com/

http://pepegohistorie.pl/

http://pojezierzeilawskie.pl

http://prusowie.pl/

http://wm.pl/

http://www.bildarchiv-ostpreussen.de/

http://www.bismarcktuerme.de

http://www.ciekawemazury.pl/

http://www.fortyfikacje.net/

http://www.holland.org.pl

http://www.jüdische-gemeinden.de

http://www.kaczorek.easyisp.pl

http://www.kirkuty.xip.pl

http://www.kochamyzulawy.pl/

http://www.milakowo.ofm.pl.

http://www.ostpreussen.net/

http://www.polskaniezwykla.pl/

http://www.polskiezabytki.pl/

http://www.rowery.olsztyn.pl/

http://www.westpreussen.de/

http://www.wiatraki1.home.pl

http://www.zamkipolskie.com/

http://www.zulawy.info/

http://zabytkowypaslek.pl

https://sztetl.org.pl/

https://zabytek.pl/
https://ziemialubawska.blogspot.com

Przy zbieraniu materiałów wykorzystano również teksty historyczne publiko-wane w internetowych czasopismach regionalnych, głównie: „Tygodnik Działdow-ski", „Dziennik Elbląski", „Magazyn Elbląski" i „Głos Pasłęka" (przede wszystkim liczne teksty historyczne autorstwa Lecha Słodownika) oraz notatki znalezione w tygodniku „Ziomkostwa Prus Wschodnich", „Das Ostpreussenblatt", a także prasie przedwojennej („Danziger Volksstimme", „Dziennik Elbląski", „Ekspress Wieczorny Ilustrowany", „Gazeta Olsztyńska", „Ostland", „Thornerpresse").

Kopalnią wiadomości były też:

- programy opieki nad zabytkami, plany odnowy miejscowości, plany roz-woju lokalnego (w większości przypadków był dostępny któryś z tych dokumentów);
- strony konkretnych miejscowości, gmin, powiatów, szkół, parafii. Niektóre z nich są naprawdę dobrze historycznie opracowane, np. wsi Jarnołtowo: http://jarnoltowo.pl/, gminy Biskupiec: http://www.gminabiskupiec.pl) czy powiatu Rychliki: http://www.rychliki.org (było ich mnóstwo, więc tylko podaję przykłady), rzadziej zdarzały się niemieckojęzyczne strony miejscowości, np. strona Rozgartu: http://www.preussisch-rosengart. de;
- fora internetowe skupiające pasjonatów poszukiwań: http://odkrywca. pl/forum.php, http://www.poszukiwanieskarbow.com/Forum/, http://www.forum.eksploracja.pl lub osoby zainteresowane historią regionu, przede wszystkim: http://forum.jerzwald.pl oraz http://marienburg.pl/;
- różne inne źródła: np. ciekawa rozmowa z Waldemarem Mierzwą w ra-mach programu „Warmia i Mazury dla zaawansowanych", https://ro.com. pl/zydowska-spolecznosc-na-warmii-i-mazurach/01347107 czy ogłosze-nia o sprzedaży nieruchomości;
- oczywiście rozmowy z mieszkańcami poszczególnych miejscowości.

W miarę możliwości informacje były potwierdzane w kilku źródłach jednocze-śnie, choć nie zawsze było to osiągalne.

Słownik niektórych terminów

alkierz – wydzielony narożnik budynku

attyka – dekoracyjna ścianka wieńcząca budynek

boniowanie – dekoracja ściany w postaci wypukłych „cegiełek" imitujących okładzinę kamienną

działobitnia – fort przeznaczony do obrony z użyciem dział

fryz – pozioma część belkowania w porządkach architektury wywodzącej się z klasycznej

galeria – część budowli (pomieszczenie lub ciąg murów) z dużymi oknami

gont – niewielka drewniana deseczka służąca do nakrywania dachu, odpowiednik dachówki

kahał – gmina żydowska, forma organizacji społecznej, w skład której wchodzili: rabin, seniorzy i ławnicy

kaponiera – pomieszczenie w forcie służące do prowadzenia ostrzału

kartusz herbowy – ozdobne obramienie tarczy herbowej

kirkut – cmentarz żydowski

kozioł – podstawa konstrukcji wiatraka koźlaka zbudowana z drewnianych belek, dzięki czemu można było ustawiać wiatrak w kierunku wiatru

loggia – pomieszczenie otwarte na zewnątrz, np. za pomocą arkad

lukarna – okno w połaci dachu, zazwyczaj w ozdobnym obramieniu

macewa – nagrobek żydowski, pionowo ustawiona płyta nagrobna

mansardowy dach – dach łamany, z dolną częścią znacznie szerszą od górnej, stosowany w baroku

maszkaron – motyw dekoracyjny w postaci przestylizowanej głowy ludzkiej lub zwierzęcej, najczęściej stosowany w renesansie i manieryzmie

marmur karraryjski – biały marmur wydobywany w okolicach Carrary we Włoszech, bez żył i plam

naczółek – element dekoracji architektonicznej umieszczony nad oknem

ohel – żydowska budowla na cmentarzu pełniąca funkcję grobowca wybitnych osób, zwłaszcza rabinów i cadyków

oszalowanie – obłożenie deskami konstrukcji budowli drewnianej

oś fasady – pion w fasadzie, zaznaczony oknami

panoplia – motyw dekoracyjny w postaci broni, zbroi lub sztandarów

pilaster – płaski przyścienny odpowiednik kolumny

podcienie – otwarte pomieszczenie budynku na parterze, najczęściej wyznaczone kolumnami lub filarami

podwalnia – schron w forcie, inaczej: kazamata

portyk – zewnętrzna część budynku z kolumnadą z jednej strony; najczęściej portyk jest wysunięty ku przodowi i zwieńczony tympanonem; portyk wgłębny – forma portyku niewysunięta do przodu

poterna – korytarz w forcie

ryzalit – wysunięta część budynku

serliana – rozbudowana arkada, forma zaprojektowana przez włoskiego teoretyka architektury – Sebastiana Serlia (1475-1554)

służka – element dekoracji architektonicznej, „wałek" wychodzący z naroża sklepienia i dochodzący do podłogi lub urywający się przy ścianie

stolarka – drewniane elementy wnętrza, np. okładziny, obramienia okien, drzwi

stiuk – materiał składający się z wapna, piasku, gipsu, kleju oraz barwników, nakładany na ścianę; technika dekorowania ścian pochodząca z Włoch

sygnaturka – wieżyczka umieszczona na dachu kościoła

sztukaterie – dekoracje ze stiuku

sztymber – w wiatraku koźlaku pionowy słup, wokół którego osi można było obracać wiatrak

tradytor – w forcie miejsce do prowadzenia ostrzału za pomocą dział (tradytor artyleryjski)

tympanon – trójkątne zwieńczenie elewacji budynku

węgielnica – w geodezji przyrząd służący do wyznaczania kątów prostych, jeden z podstawowych symboli wolnomularzy

wiatrak koźlak – wiatrak konstrukcji słupowej, ustawiony na koźlaku i zbudowany wokół pionowej osi (sztymbra), dzięki którym można go obracać; najprostszy i najbardziej popularny typ wiatraka w Polsce

więźba dachowa – szkielet konstrukcji dachu

zrębowa konstrukcja – sposób budowania konstrukcji z poziomych bali, łączonych „jeden na drugi" za pomocą wcięć na narożach budowli; w przypadku konstrukcji zrębowej na jaskółczy ogon końcówki belek są nacinane na wzór ogona jaskółki

Indeks miejscowości

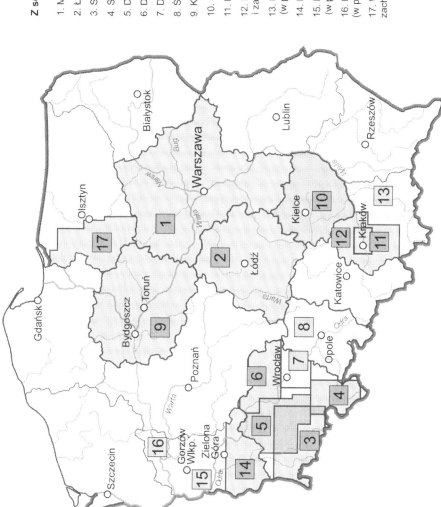

Z serii „Zapomniane Miejsca"

1. Mazowsze (2000, II edycja 2014)
2. Łódź i okolice (2011)
3. Sudety Zachodnie (2012)
4. Sudety Wschodnie (2015)
5. Dolina Odry - cz. 1 (2016)
6. Dolina Odry - cz. 2 (2017)
7. Dolina Odry - cz. 4 (w planach)
8. Śląsk Opolski (w planach)
9. Kujawsko - Pomorskie (2015)
10. Świętokrzyskie (2016)
11. Kraków i okolice (2017)
12. Małopolska część północna i zachodnia (2017)
13. Małopolska część wschodnia (w przygotowaniu)
14. Lubuskie część południowa (2018)
15. Lubuskie część środkowa (w planach)
16. Lubuskie część północna (w planach)
17. Warmińsko-Mazurskie część zachodnia (2018)